BEREAUX 1980

LES
DÉCOUVERTES
DE
MONSIEUR JEAN

LA TERRE ET LA MER

PAR

Émile DESBEAUX

DESSINS DE

MM. BESNIER, BROUILLET, FERDINANDUS, CH. GOSSELIN, DE HAENEN,
F. MÉAULLE, H. VOGEL, ED. ZIER.

GRAVURE DE F. MÉAULLE

PARIS

P. DUCROCQ, LIBRAIRE-ÉDITEUR

55, RUE DE SEINE, 55

1883

LES DÉCOUVERTES

DE

MONSIEUR JEAN

OUVRAGES DU MÊME AUTEUR

LE JARDIN DE MADEMOISELLE JEANNE.

Botanique du vieux Jardinier.

OUVRAGE COURONNÉ PAR L'ACADÉMIE FRANÇAISE.

8e Édition.

LES POURQUOI DE MADEMOISELLE SUZANNE?

Préface de M. Xavier Marmier, de l'Académie Française.

9e Édition.

LES PARCE QUE DE MADEMOISELLE SUZANNE.

Honoré d'une médaille de la société Protectrice des animaux.

7e Édition.

LES DÉCOUVERTES DE MONSIEUR JEAN.

LA TERRE ET LA MER.

LES CAMPAGNES DU GÉNÉRAL TOTO.

SCÈNES DE LA VIE MILITAIRE.

LES
DÉCOUVERTES
DE
MONSIEUR JEAN

LA TERRE ET LA MER

PAR

Émile DESBEAUX.

DESSINS DE
MM. BESNIER, BROUILLET, FERDINANDUS, CH. GOSSELIN, DE HAENEN,
F. MÉAULLE, H. VOGEL, ED. ZIER.

GRAVURE DE F. MÉAULLE

PARIS
P. DUCROCQ, LIBRAIRE-ÉDITEUR
55, RUE DE SEINE, 55
1883

CHAPITRE PREMIER

CE QUI SE PASSAIT AU CHATEAU DES CHÊNES UN SOIR DE JUILLET

Un soir du mois de juillet, le facteur apporta au château des Chênes la lettre suivante, que M. Fernay adressait de Paris à son beau-frère, M. de Gaël :

« Mon cher ami,

« Je ne vois plus qu'un seul moyen de faire revenir notre chère Fernande sur sa résolution : c'est d'introduire l'ennemi, ou plutôt l'ami dans la place. Une fois aux Chênes, André pourra combattre et j'espère bien qu'il vaincra. Je vous demande donc de donner l'hospitalité à ma femme, à André et à Jean, — M. Jean veut voir la mer ! — qui arriveront chez vous pas plus tard que demain...

« Vous y consentez, n'est-ce pas ? et je vous en remercie.

« Vôtre

« Fernay. »

C'était dans le jardin, au pied du château, et sous les dernières clartés du jour, que M. de Gaël prenait connaissance de cette lettre.

Il réfléchit quelques instants, et sa réflexion se termina par un geste qui signifiait : Il a raison.

Fernande lisait, assise non loin de son père ; son attention n'avait point été distraite.

M. de Gaël observa sa fille du coin de l'œil, puis il appela un domestique :

— Yvon, dit-il, il faut préparer l'appartement de l'aile gauche ; j'attends du monde demain.

A ces mots imprévus, Fernande leva la tête et, croyant avoir mal compris, regarda son père.

— Tu attends du monde ? dit-elle, très étonnée.

— Oui, répondit seulement M. de Gaël, s'amusant de la surprise de sa fille.

— Et ce monde, d'où arrive-t-il ?

— De Paris.

Mlle Fernande s'approcha de M. de Gaël et lui dit, curieuse, avec un petit air fâché :

— Il faut donc vous prier aujourd'hui, monsieur mon papa, pour que vous répondiez clairement à votre petite Fernande?

Puis, changeant de ton, elle embrassa M. de Gaël et reprit, câline, les bras autour de son cou :

— Eh bien, père, qui donc vient nous voir, dis !

C'était un événement pour le château des Chênes que cette visite arrivant de Paris.

Le château des Chênes, situé en Bretagne, dans le département d'Ille-et-Vilaine, au bord de l'océan, presque à égale distance de Saint-Malo et de Cancale, et dominant le petit village de Roteneuf, était habité par M. de Gaël et sa fille Mlle Fernande.

Depuis quatre années, M. de Gaël, qui avait longtemps et vaillamment servi la patrie dans la marine de l'État, avait pris sa retraite et était venu se reposer dans ce coin de terre bretonne où tous les siens étaient nés.

Il avait emmené là sa chère Fernande, qu'il avait dû reprendre à la famille Fernay ; et, à l'instant du départ, Mlle de Gaël avait eu un sourire et une larme. Un sourire pour son pays qu'elle allait revoir, une larme pour ceux qu'elle quittait.

Ceux qu'elle quittait l'élevaient depuis l'âge de dix ans. C'est à cet âge que Fernande avait eu la douleur de perdre sa mère.

Après ce malheur, M. de Gaël, obligé par son service à de longues absences, était allé à Paris confier Fernande à sa sœur, Mme Fernay.

Mᵐᵉ Fernay et son mari avaient accepté ce précieux dépôt, et Fernande avait grandi entre ses deux cousins, André, un peu plus âgé qu'elle, et M. Jean, alors tout petit.

Quand M. de Gaël était venu reprendre Fernande, il avait remarqué le vif attachement que lui portait André.

Le projet d'une union, possible un jour, était né dans son esprit.

Il en avait fait part à son beau-frère, et tous les deux s'étaient accoutumés à cette pensée de douce alliance.

Chaque hiver, M. de Gaël et Fernande passaient quelques semaines à Paris, et là M. de Gaël et M. Fernay pouvaient constater que l'affection d'André pour sa jeune cousine n'avait rien perdu de sa force première.

Tout autres étaient les sentiments de Fernande.

Depuis son retour en Bretagne, depuis qu'elle respirait l'air de son pays natal, elle avait retrouvé au fond de son cœur cet amour violent de la mer qu'elle ressentait tout enfant et qui la reprenait maintenant jeune fille.

Cette passion irraisonnée de l'océan, elle l'avait dans le sang ; elle l'avait héritée de son père et de ses aïeux.

Aussi avait-elle bien décidé, dans sa petite volonté de dix-huit ans, qu'elle n'épouserait jamais qu'un marin.

M. de Gaël avait deviné les idées de sa fille. — idées qui le désolaient puisqu'elles venaient se mettre à la traverse de son rêve, — et il avait essayé de les combattre, mais en vain.

Cependant M. Fernay voulait se retirer des affaires et céder à son fils l'importante maison de commerce qu'il dirigeait à

Paris ; mais il désirait qu'en même temps André se mariât.

Il avait écrit dans ce sens à son beau-frère et celui-ci lui avait fait part, une fois de plus, de la persistance de Fernande dans ces idées qui tant le contrariaient.

Alors, M. Fernay s'était résolu à frapper un grand coup et il avait envoyé à son beau-frère la lettre que le facteur venait de déposer au château des Chênes.

— Qui donc vient nous voir ? répétait Fernande.

— Ta tante ! se décida à répondre M. de Gaël, jouissant du plaisir de sa fille.

En effet, un rayon de joie éclaira la figure de Fernande.

— Ma tante vient seule ? demanda-t-elle.

— Non, avec elle, il y a Jean.

— Jean, ou plutôt M. Jean ! comme nous l'appelions à cause de son petit air sérieux. Mais il est grand à présent, M. Jean ! Il a au moins onze ans !

— Oui, et pense qu'il n'a pas encore vu la mer !

— Ah ! nous la lui montrerons la mer ! nous la lui ferons voir notre mer ! s'écria Fernande, dans son petit orgueil enthousiaste. Ah ! mon cher père, voilà de bonnes nouvelles !

M. de Gaël n'avait pas tout dit. Il lui restait à annoncer la venue d'André et il hésitait.

Fernande lui offrit l'occasion qu'il cherchait.

— Pourquoi donc fais-tu préparer le grand appartement. dit-elle ; ma tante aurait bien pu se loger près de moi.

— Mais, ma chère enfant, il faut une certaine place pour nos hôtes et tu ne m'as pas laissé le temps de t'apprendre qu'André accompagnait sa mère.

— Ah! André vient!... dit brièvement Fernande.

En prononçant ces mots, sa voix s'était altérée et son front se plissait sous le coup d'une préoccupation soudaine.

Elle alla se rasseoir et resta silencieuse, les yeux fixés sur le sable.

Au bout de quelques minutes, M. de Gaël, inquiet, vint se mettre auprès de sa fille.

— A quoi penses-tu, ma chère Fernande? dit-il, avec une douce affection.

Fernande releva la tête et, regardant son père de ses beaux yeux aux tons d'émeraude et qui semblaient avoir les reflets de cette mer qu'elle aimait tant, elle dit avec tristesse :

— Je pense que tu n'as pas renoncé à tes projets d'autrefois et cela me fait une grande peine !

— Console-toi, mon enfant, reprit M. de Gaël, très ému de ce chagrin, console-toi. André vient passer quelques jours ici avec sa mère et cela est tout naturel. Je ne te demande qu'une chose, c'est de lui faire bon accueil et de le traiter comme un ami. En revanche, je te promets de n'influer en rien sur ta volonté.

— Bien vrai, papa? murmura Fernande, redevenue aussitôt souriante.

— Bien vrai !

Le nuage était dissipé, mais, maintenant, la conversation devait fatalement continuer sur le sujet qui préoccupait le père et

la fille. Et M. de Gaël voulut encore dépeindre à Fernande le sort inévitable de la femme d'un marin ; il lui en dit les inquiétudes incessantes, les pensées sombres et les angoisses terribles qui viennent, à de certaines heures, s'ajouter aux longues tristesses de l'absence.

Fernande laissa parler son père, mais quand il eut fini, elle l'embrassa longuement et, pour seule réplique, lui murmura bien bas à l'oreille :

— Et malgré tout cela, mon bien-aimé père, ma pauvre et chère maman ne t'avait-elle pas choisi pour époux?

M. de Gaël sentit ses yeux se mouiller de larmes à ce souvenir si doucement évoqué, et, cette fois, il ne trouva rien à répondre...

CHAPITRE II

LA MER

Un peu d'émotion se manifesta dès le lendemain matin parmi les habitants du château des Chênes.

Depuis les maîtres jusqu'aux domestiques, chacun était dans l'attente des hôtes annoncés.

Le vieux château s'emplissait d'une agitation inaccoutumée.

La voiture venait de partir, allant chercher à la gare de Saint-Malo Mme Fernay, André et M. Jean.

Fernande avait embrassé son père et, avec une légère nuance d'inquiétude, avait murmuré :

— Tu sais, père, ce que tu m'as promis ?

Et M. de Gaël avait répondu, souriant :

— Oui, mon enfant, je le sais.

Mlle Fernande, satisfaite, avait donné un dernier coup d'œil aux chambres déjà préparées et, maintenant, elle regardait à la grille du parc s'ouvrant sur la route.

Au loin, une voiture apparut, chargée de malles.

— Les voilà ! cria Fernande.

M. de Gaël s'approcha et reconnut les voyageurs.

Bientôt la grille s'ouvrit et laissa passer la voiture dont les roues faisaient gaiement craquer le sable de l'allée, et qui amenait Mme Fernay et ses enfants.

Fernande aida sa tante à descendre, prenant son sac de voyage, embrassant M. Jean et embrassée par lui, et donnant à André une poignée de main un peu froide et embarrassée.

Pendant le temps du repas apprêté pour les nouveaux venus Fernande garda une contenance gênée. Elle n'était plus elle-même et le sentait. Son affection tendre pour Mme Fernay et son amitié rieuse pour M. Jean se trouvaient arrêtées dans leur effusion par la présence d'André.

En quelques mots M. de Gaël avait appris à André Fernay la conversation qu'il avait eue la veille au soir avec Fernande.

André savait maintenant que M. de Gaël s'était promis de ne pas influencer sa fille. Il savait que le digne père ne faillirait pas à sa parole et il se voyait, seul, livré à ses propres forces, en face d'une ennemie déclarée, mais d'une ennemie sincère et charmante.

Il ne désespérait pas.

Néanmoins, il devinait et comprenait, à l'attitude inquiète de Fernande, quelles étaient ses pensées.

Rassurée par les paroles de son père et confiante en sa promesse, Mlle de Gaël redoutait néanmoins la première et inévitable conversation qu'elle allait avoir avec son cousin, et elle voyait avec ennui s'avancer la fin du déjeuner.

Déjà André s'était tracé une ligne de conduite, et quand il offrit son bras à Fernande pour traverser le parc en se dirigeant vers la mer, il pensait qu'au bout de quelques minutes d'entretien, sa jolie cousine n'aurait plus à son égard ni doute ni crainte.

Mais, tout à coup, Fernande trouva un plan de défense et ce fut avec un geste de décision qu'elle prit le bras qui lui était offert.

Tous deux, d'un commun accord, ils pressèrent le pas et quand ils furent éloignés des parents, ils se regardèrent. Ils pouvaient parler.

Ce fut Fernande qui résolument commença :

— André, dit-elle d'une voix grave et émue par l'importance des paroles qui allaient sortir de ses lèvres, André, je sais pour quel motif vous êtes venu et j'en suis désolée.

André, surpris par ce début auquel il était loin de s'attendre, n'interrompit que pour répéter, en interrogeant…

— Désolée ?

— Oui, désolée, reprit Fernande. Vous êtes venu aux Chênes pour demander ma main à mon père, n'est-il pas vrai ?... Eh bien, André, je ne peux pas, et pour parler encore avec plus de franchise, je ne veux pas vous épouser.

Quoique André eût essayé de se préparer au coup qui allait lui être porté, il ne put en supporter la violence directe. Son bras qui soutenait celui de Fernande se serra malgré lui contre sa poitrine, et son visage devint pâle.

Fernande s'aperçut de ce trouble, que le jeune homme voulait en vain dissimuler :

— Vous voyez, dit-elle non sans être émue elle-même, vous voyez, André, je vous fais de la peine et voilà pourquoi je suis désolée.

Il y eut un silence.

— Vous m'avez fait de la peine, dit enfin André, je l'avoue, et vous m'avez causé une triste surprise. Je ne m'attendais pas à une décision aussi brusque et voilà pourquoi j'ai tressailli. Maintenant, Fernande, je montrerai une franchise égale à la vôtre. Oui, je suis venu aux Chênes avec l'idée que vous aviez devinée, mais en arrivant j'ai appris vos projets, vous-même vous venez de me les confirmer, et mon oncle m'a dit la promesse qu'il vous a faite. Que pourrais-je espérer désormais ? Rien. Je ne désire plus qu'une chose, c'est de vous rendre toute votre tranquillité d'esprit. Et, comme je ne veux pas que vous doutiez de moi, je repartirai ce soir même pour Paris.

André avait prononcé ces derniers mots avec une profonde tristesse.

La franchise de Fernande avait jeté bas les beaux desseins du jeune homme.

Il se voyait cette fois désarmé et vaincu.

Fernande fut touchée de cette déclaration faite si simplement et si nettement.

Elle en appréciait toute la délicatesse et sentait qu'en parlant ainsi André était sincère.

— Vous repartirez? dit-elle d'une voix où elle mettait de la douceur pour se faire pardonner.

— Oui, répondit fermement André.

Et déjà il dégageait son bras de celui de Fernande.

Mais celle-ci le retint d'un mouvement presque involontaire, et, voyant son cousin si décidé et si malheureux, elle fit un effort sur elle-même, et murmura :

— A moins que...

Mais elle n'acheva pas.

André la regarda très étonné.

— A moins que?... dit-il.

Et alors Fernande, prenant bravement son parti, acheva sa phrase :

— A moins que, dit-elle, vous ne restiez en ami, — mais seulement en ami ! répéta-t-elle vivement.

André eut un instant de réflexion.

Puis avec un sourire un peu triste :

— Eh bien, dit-il, je resterai.

— En ami, cousin?

— En ami, cousine.

Et sur cette parole, Mlle de Gaël fit faire volte-face à André et le ramena vers M. de Gaël et Mme Fernay.

— Nous avons causé, dit Fernande en s'approchant de son père.

— Et cette conversation n'a pas été désagréable, reprit M. de Gaël avec quelque surprise, car tu as l'air assez content.

— Je suis contente, en effet, mon cher père, car j'ai retrouvé un ami.

Et Mlle de Gaël appuya sur ce mot, résumant ainsi et faisant comprendre la conversation qu'elle venait d'avoir avec André.

M. de Gaël interrogeait son neveu du regard.

— Fernande a dit la vérité, murmura André répondant à la muette demande de son oncle.

M. de Gaël et Mme Fernay échangèrent un triste coup d'œil.

Ainsi Fernande l'emportait et André avait déjà renoncé à la lutte. Et les chers projets qu'ils rêvaient pour leurs enfants s'évanouissaient.

Pendant tout ce temps, Mme Fernay avait retenu Jean par la main pour qu'il n'allât pas troubler Fernande et André.

M. Jean, avec son petit air sérieux et fin, avait compris l'intention de sa mère et était resté près d'elle assez tranquille et, — il faut l'avouer, — assez maussade.

Quand il vit enfin tout le monde réuni, il jugea qu'on pouvait à présent s'occuper un peu de lui, et, avec son petit accent parisien, il jeta cette petite phrase qui fit un effet énorme :

— Eh bien, est-ce qu'on ne va pas bientôt voir la mer ?

C'était vrai ! M. Jean était venu pour voir la mer et il demandait à la voir. C'était juste! M. Jean, fatigué du voyage, s'était endormi dans la voiture qui l'avait amené aux Chênes, et il

n'avait encore rien vu. Mais on ne pensait plus à M. Jean ni à la mer. Les idées étaient ailleurs.

La demande de M. Jean, avec son semblant d'imprévu, fit donc sourire en ramenant chacun à la réalité.

On hâta la promenade et bientôt M. de Gaël ouvrit une porte qui donnait sur la grève.

On était en présence de l'Océan, — un Océan, ce jour-là, peu agité, gris et sans soleil.

M. Jean avait fait quelques pas en avant, puis il s'était arrêté et regardait, bien campé, les pieds enfoncés dans le sable et les mains dans les poches.

Sous son chapeau de paille, posé un peu en arrière, ses cheveux blonds tombaient sur son front presque jusqu'aux sourcils qui abritaient des yeux intelligents ; la bouche, rose et malicieuse, semblait sourire.

Il resta là, silencieux, pendant plusieurs minutes.

Les assistants de cette petite scène se taisaient, ne voulant pas troubler M. Jean, qui voyait l'Océan pour la première fois, et attendant le résultat de son impression.

Cette impression ne fut sans doute pas heureuse, car M. Jean, — M. Jean, ce petit sceptique de Parisien ! — retirant sa main droite de sa poche et montrant l'étendue, se décida à dire avec une tranquillité mélangée d'un certain dédain pour la découverte qu'il venait de faire :

— C'est ça, la mer ?...

Réflexion qui fit éclater de rire M. de Gaël, sa sœur et André, mais qui jeta Fernande, cette grande amie de l'Océan, dans une véritable consternation !

CHAPITRE III

CE QUE M. JEAN SAVAIT ET CE QU'IL NE SAVAIT PAS

Lorsque Fernande fut remise de la stupéfaction causée par la phrase inattendue de M. Jean, elle s'approcha, voulant le convaincre :

— Ainsi tu ne trouves pas que c'est beau ! dit-elle.

M. Jean regarda sa cousine sans répondre, se contentant de hocher la tête comme si la question l'étonnait.

Évidemment M. Jean n'était pas tombé de surprise à la vue de la mer.

On lui avait promis tant de merveilles que l'aspect de cette mer, calme et sombre, était pour lui une déception.

Pour l'instant, il pensait comme un de ses petits amis : « La mer, c'est beaucoup d'eau qui fait beaucoup de bruit. » Et il ne voyait pas plus loin.

Fernande avait pris son père à part et lui disait :

— Est-il possible qu'un enfant intelligent comme notre petit Jean n'aime pas la mer ?

Et M. de Gaël avait répondu, en souriant :

— Le premier mouvement n'a pas été favorable, il faut le reconnaître, mais au fur et à mesure que Jean en découvrira les beautés, il aimera la mer, tu verras.

Et il avait ajouté en jetant à la dérobée un regard à André :

— L'important, c'est de la lui laisser aimer peu à peu et de ne pas vouloir la lui faire aimer de force tout d'un coup.

André avait salué ces paroles qui s'appliquaient singulièrement à sa propre situation vis-à-vis de Mlle de Gaël.

Soudain, sur la mer, à la limite où le ciel et la terre semblent se confondre, apparut un point noir.

— Un navire ! dit Mme Fernay.

— Le mât d'un navire ! reprit M. Jean.

— Et bientôt nous allons voir les voiles et ensuite le corps du bâtiment, ajouta M. de Gaël.

Ce que venait de dire l'oncle de M. Jean se réalisa.

— Voilà qui prouve que la terre est ronde, dit André en tapant amicalement sur l'épaule de son jeune frère.

— Oui, je sais, répondit M. Jean.

— Ah ! tu sais ?...

— Mais oui, si la terre n'était pas ronde, on ne commencerait pas par distinguer le mât, c'est-à-dire la partie la plus haute du navire. On verrait le bâtiment tout entier d'un seul coup d'œil.

— Oh! mais tu es un savant, monsieur Jean! dit M. de Gaël. Et sais-tu comment s'appelle la mer que tu as devant les yeux?

— Mais oui, répondit Jean d'un petit ton ennuyé comme si la question était trop facile, c'est la Manche.

— En effet. Et pourquoi ce nom?

— Parce que cette mer a la forme d'une manche.

— C'est bien cela! l'océan Atlantique s'introduisant entre l'Angleterre et la France se resserre et prend la forme d'une manche d'habit, dont l'épaule serait à l'île d'Ouessant et le poignet au pas de Calais. C'est, en tout cas, une manche peu ordinaire, et il a fallu aux premiers pêcheurs qui l'ont parcourue et baptisée une certaine dose de bonne volonté, car à l'endroit où nous la voyons elle est large de deux cent cinquante kilomètres et sa longueur totale en compte cinq cent vingt. Le vaste bassin de la Manche est resserré entre la Bretagne et les comtés de Devon, Sussex et Cornouailles en Angleterre.

En France, ses rivages sont de couleur grise, découpés, bordés de rochers battus par les vagues, semés de nombreux îlots et d'écueils perfides; en Angleterre, ils se déploient en longues lignes de falaises blanchâtres aux pieds desquelles le flot roule des galets.

— C'est une manche de géant! dit Fernande.

— Et le tunnel? dit M. Jean.

M. de Gaël regarda son neveu, fort étonné :

— Comment! tu sais qu'on creuse un tunnel sous la Manche?

Puis, s'adressant à André :

— Crois-tu qu'on réussira dans cette difficile opération ?

— Je le crois, répondit André. Le percement a bien débuté. On a reconnu le terrain et tout fait supposer que les roches sont assez tendres pour être percées de Douvres à Calais et, en même temps, assez résistantes pour qu'un éboulement ne soit pas à craindre.

— Alors, dit Fernande, on pourra traverser la Manche à pied sec !

— Oui, comme ce héros de roman à qui l'auteur faisait traverser l'Océan à franc étrier. On ira de Calais à Douvres en chemin de fer, en voiture ou à pied avec soixante mètres de mer au-dessus de la tête.

— Comme ce sera curieux, ce tunnel ! dit Fernande.

— C'est égal ! M. Jean est très fort, ajouta M. de Gaël en souriant, il sait tout !

M. Jean tourna la tête vers son oncle, vit qu'il se moquait de lui et dit tranquillement :

— Non, je ne sais pas tout.

— Et que ne sais-tu pas ?

— Par exemple, je ne sais pas ce que c'est que ça ! dit Jean. Et, du doigt, il montrait la mer.

— Oh ! s'écria Fernande, voyez comme il traite la mer ! Il l'appelle « ça ! »

Puis elle ajouta :

— Ça, c'est de l'eau ! Et vous le savez bien, monsieur l'impertinent.

— Je sais bien que c'est de l'eau, ma petite cousine, répondit

Jean d'une voix douce, mais, l'eau, je ne sais pas ce que c'est. Et je ne sais pas non plus pourquoi, là, il y a de l'eau et pourquoi, ici, il y a de la terre. Si tu le sais, toi, dis-le-moi.

Mlle Fernande se tut, un peu embarrassée.

André vint à son secours.

— Mais pour répondre aux questions de M. Jean, il faudrait remonter à l'origine du monde ! dit-il en riant.

— Eh bien, remontons-y ! répondit M. de Gaël.

Et M. Jean, dans sa naïveté sérieuse, alla prendre la main de son oncle en murmurant :

— C'est ça, remontons-y.

M. de Gaël regarda à sa montre :

— Oui, mais avant de remonter à l'origine du monde, dit-il avec un sourire, il faudrait d'abord remonter au château. Le dîner va être prêt et ton petit cerveau attendra, j'en suis sûr, plus patiemment que ton petit estomac.

Et l'on reprit la route des Chênes.

CHAPITRE IV

L'EAU ET LA TERRE

Pendant le dîner les conversations particulières empêchèrent qu'on s'occupât de M. Jean; mais, au dessert, le petit Parisien voulut rappeler ce qu'on lui avait promis.

— André, dit-il tout haut à son frère en tendant son verre, veux-tu me donner un peu... de ça?

Et il montrait la carafe.

— Ah! ah! fit M. de Gaël qui avait entendu; Jean a trouvé le moyen de me faire souvenir de ma promesse. Il veut que je lui parle de... ça, c'est-à-dire de l'eau. N'est-ce point là votre idée, monsieur Jean ?

— Oui, mon oncle, tu as deviné.

— Eh bien, je t'ai dit, là-bas, au bord de l'Océan, que pour t'expliquer ce que c'est que l'eau et pour t'apprendre sa provenance, il serait nécessaire de remonter à l'origine du monde. C'est bien loin...

— Mais puisqu'il le faut ! dit Jean en interrompant.

— Mais puisqu'il le faut, comme tu dis, continua M. de Gaël en souriant de l'impatience de M. Jean, nous allons y remonter.

D'après les suppositions les plus scientifiques, la terre que nous habitons commença par être une immense masse gazeuse qui s'était détachée du soleil. Cette masse gazeuse était lumineuse et incandescente comme le soleil d'où elle sortait.

— C'était un soleil en petit ? dit Jean.

— En effet. Cette boule de feu était formée, non seulement de gaz, mais encore de matières solides que la haute température tenait volatilisées.

Ainsi il y avait des vapeurs de marbre, de granit, de porphyre, de basalte...

— Du marbre en vapeur ! ne put s'empêcher de murmurer M. Jean, pris d'étonnement.

— Oui, mais peu à peu, la boule de feu se refroidit et les vapeurs, ne trouvant plus la température assez élevée pour elles, se condensèrent, se resserrèrent et devinrent liquides.

A ce moment donc il y avait des ruisseaux de marbre, des rivières de porphyre et des fleuves de basalte.

— Comme cela devait être beau ! s'écria Fernande.

— Oui, si on avait pu le voir ! répondit M. Jean revenant à son calme accoutumé.

— Cependant la masse embrasée continuait à se refroidir et les marbres liquides, les porphyres fluides et les basaltes coulants, subissant le changement de température, se solidifièrent et devinrent tels que nous les voyons maintenant.

Mais certaines vapeurs ne passèrent pas à l'état solide; elles restèrent vapeurs et ce sont elles qu'aujourd'hui nous appelons gaz.

Parmi ces différents gaz, il y avait l'oxygène, l'azote et l'acide carbonique qui restèrent mélangés, faisant très bon ménage, et composant l'air que nous respirons.

A ces trois gaz il faut en ajouter un autre, qui était l'hydrogène.

Or l'hydrogène jouit d'une singulière propriété qu'on démontre tous les jours dans les laboratoires de chimie. Quand on le mélange avec l'oxygène et qu'on fait passer à travers le mélange une étincelle électrique, les deux gaz se combinent, c'est-à-dire s'unissent l'un à l'autre. Cette union ne se fait, d'ailleurs, pas sans éclat, car il se produit, à cet instant, une détonation. Mais après la détonation on s'aperçoit que les deux gaz se sont transformés, — écoutez bien, monsieur Jean...

— Oh ! j'écoute, mon oncle.

— Eh bien, on s'aperçoit que les deux gaz se sont transformés... en eau.

Et M. de Gaël ajouta, charmé de l'attention de son petit neveu :

— Je crois que tu as compris, n'est-ce pas ?

M. Jean réfléchit quelques secondes.

Puis il dit :

— J'ai compris que, dans les laboratoires, on produisait l'eau par l'union de l'hydrogène et de l'oxygène ; mais, pendant la formation de la Terre, comment cette union s'est-elle faite ?

— La terre était un colossal laboratoire où se mélangeaient d'immenses quantités d'hydrogène et d'oxygène. Que fallait-il pour les unir et les transformer en eau ?

— Une étincelle électrique, répondit M. Jean.

— Et ce n'était pas cela qui manquait ! A cette époque, la terre était dans un état électrique continu. La foudre grondait incessamment, et si tu sais que la foudre n'est autre chose qu'une terrible étincelle électrique, tu ne t'étonneras pas qu'elle ait remplacé d'une façon suffisante, — en la devançant quelque peu, — la pauvre petite étincelle de nos laboratoires.

— Ah ! oui, je comprends ! dit M. Jean d'un air satisfait.

— Allons, tant mieux ! s'écria André en riant.

— Mais je ne comprends pas tout !

— Et que ne comprends-tu pas ? demanda M. de Gaël.

— Voici, dit Jean. Puisqu'il y avait tant d'hydrogène et tant d'oxygène, il devait, n'est-ce pas ? se former beaucoup d'eau.

— Il s'en formait des quantités énormes.

— Eh bien, comment toute cette eau n'a-t-elle pas éteint tout ce qui était en feu ?

A cette remarque, Mme Fernay et Mlle Fernande regardèrent M. de Gaël.

La logique de la réflexion de M. Jean les avait surprises et elles se demandaient ce que son oncle allait lui répondre.

— Voyons! mon petit Jean, dit M. de Gaël en prenant son neveu sur ses genoux, tu sais évidemment qu'en présence de la chaleur l'eau se met à bouillir, c'est-à-dire qu'elle se transforme en vapeur.

— Oui.

— Eh bien, pendant la période de la formation de la terre la température était tellement élevée que l'eau, à peine formée, était changée en vapeur. Donc, elle ne pouvait rien éteindre et restait en suspension parmi les gaz et les autres vapeurs. Ce n'est qu'après l'abaissement de la température, quand les diverses matières se furent solidifiées, qu'elle a pu se former sans être volatilisée. Alors, elle est tombée...

— Alors, il a plu?

— C'est cela, il a plu. Mais cette première pluie, si torrentielle qu'elle fût, à peine eut-elle touché le sol qu'elle redevint vapeur.

— Pourquoi?

— Parce que ce sol, composé de granits, de marbres et d'autres roches, était encore si brûlant qu'il fit à la pluie l'effet d'une plaque rougie au feu.

Cette pluie, changée en vapeur, s'éleva dans l'air où elle se refroidit, se condensa et revint à l'état d'eau que sa lourdeur fit de nouveau tomber sur le sol.

Peu à peu le sol se refroidit et n'eut plus la température nécessaire pour vaporiser la pluie, qui s'en donna tout à son aise.

Il plut, il plut, il plut tellement que l'eau couvrit tout le sol ou, si tu le préfères, tout ce qui était solide, puisque l'adjectif *solide* dérive du substantif *sol*.

Il n'y avait plus que de l'eau, de l'eau partout. Le sol était enveloppé par une mer continue.

Et notre monde, en roulant dans l'espace, semblait être une immense boule d'eau.

— Eh bien, cette eau, qu'est-elle devenue? demanda Jean. Elle s'en est donc allée pour faire place à la terre?

— Point du tout. Elle est restée.

— Je ne comprends plus !

— Tu vas comprendre. Quand le globe de feu, qui devait être notre monde, commença à se refroidir, le refroidissement frappa d'abord à sa surface et solidifia seulement la couche supérieure des granits, des marbres liquides qui s'y trouvaient.

Il ne se forma qu'une légère pellicule solide qu'on pourrait comparer à celle qui se fige sur le lait encore chaud.

Les refroidissements successifs augmentèrent peu à peu cette croûte terrestre, qui n'est pas devenue fort épaisse, comme tu le sauras bientôt. Cette croûte enveloppait, recouvrait tout ce qui était encore en feu et en fusion, de même que la peau de l'orange enveloppe tout le fruit succulent.

— Et cette peau était elle-même enveloppée par l'eau, ajouta M. Jean.

— Très bien. Or, le feu qui s'était trouvé emprisonné sous la croûte terrestre continuait à faire bouillir, avec une indicible force, les matières liquides emprisonnées avec lui.

Tu n'ignores pas, mon cher Jean, qu'en faisant bouillir de l'eau dans un vase fermé la vapeur produite cherchera à s'en échapper par tous les moyens possibles. Si le vase n'est pas solide, la vapeur le brisera.

C'est ce qui arriva pour la croûte terrestre.

Les vapeurs, constamment produites à l'intérieur de cette croûte, cherchaient des issues et n'en trouvaient pas. Au fur et à mesure que leur nombre et leur force augmentaient, elles se pressaient avec violence contre la croûte terrestre. Sous cette pression la croûte céda aux endroits les moins solides et se souleva.

En se soulevant elle traversa la mer qui la couvrait et elle apparut au-dessus des flots, comme la tête d'un baigneur qui vient de plonger reparaît au-dessus de l'eau.

Seulement la tête du baigneur n'est qu'un point infime dans l'espace, tandis que les parties de croûte qui émergeaient ainsi étaient vastes et hautes. C'était la terre qui sortait de l'onde.

Souvent les vapeurs intenses n'avaient que la force nécessaire pour soulever l'écorce terrestre, mais quelquefois, après l'avoir soulevée, elles la faisaient éclater et se frayaient un passage au dehors, suivies des matières liquides en ébullition.

— Alors c'étaient des volcans? dit Jean.

— Très bien, monsieur Jean, très bien! Nous assistons encore maintenant à ces explosions souterraines. Car du Vésuve et de l'Etna, il sort encore, à certaines époques, des vapeurs et des matières liquides.

— Comment! dit Jean, sous la terre, ce n'est donc pas éteint?

— Nullement. Sache que la croûte terrestre n'a qu'une épaisseur d'une dizaine de lieues.

— Dix lieues, c'est beaucoup.

— Eh non, ce n'est pas beaucoup, puisque le diamètre du globe, c'est-à-dire une ligne qui le traverserait de part en part en passant par le centre, a 3,183 lieues. Donc, si l'on pouvait traverser l'intérieur de la terre, on rencontrerait d'abord dix lieues de croûte et ensuite plus de trois mille lieues de matières liquides et de feu. Relativement l'écorce terrestre est plus mince que la peau d'une orange.

— Mais ce n'est pas rassurant! murmura Jean.

— Pourquoi?

— Parce que les vapeurs pourraient la crever et tout bouleverser !

— Heureusement si mince qu'elle soit, elle est devenue, avec le temps, assez solide pour leur résister.

— Ah ! tant mieux ! fit M. Jean avec un soupir de satisfaction, heureux de découvrir en même temps le péril et la protection que lui présentait l'écorce de la Terre.

CHAPITRE V

LES VOLCANS TERRESTRES ET LES VOLCANS SOUS-MARINS

On venait d'apporter les lampes allumées, avec leurs globes opaques de cristal.

— Tiens! dit M. de Gaël à Jean en approchant de lui l'une des lampes, voici qui pourrait te donner une idée de la Terre. Ce globe mince et fragile, c'est l'enveloppe terrestre, la flamme qui brûle au milieu, c'est le feu du centre de la Terre, et si tu supposes l'intervalle du verre de la lampe au globe de cristal rempli de matières en fusion, tu auras à peu près l'image de notre monde, sans la mer naturellement.

Maintenant tâte le globe avec précaution.

Jean effleura le globe de sa main, mais il la retira brusquement.

Il avait éprouvé une sensation de vive chaleur.

— Tu vois, dit M. de Gaël en souriant, l'écorce terrestre est brûlante parce que le feu qui brûle au milieu est intense. Mais si le feu central diminue, l'écorce terrestre, — qui est en ce moment le globe de la lampe, — se refroidira.

Ce disant, l'oncle de M. Jean baissa la mèche de la lampe; la flamme s'amoindrit, et quelques instants après M. Jean put toucher sans se brûler l'écorce terrestre suffisamment refroidie.

— Ainsi, dit M. de Gaël, la croûte de la Terre a perdu une partie de sa chaleur par suite de l'abaissement du feu central.

— Oui, dit M. Jean, mais puisqu'il y encore du feu là-dessous, — et il frappa le sol de son petit pied, — il y a encore des matières qui bouillonnent. Heureusement que tu m'as assuré que la croûte terrestre est maintenant assez solide pour leur résister !

— Elle est solide, comme je te l'ai affirmé, mais cependant elle pourrait fort bien éclater si nous n'avions pas les volcans.

— Que veux-tu dire ?

— Je veux dire que les volcans sont semblables aux soupapes de sûreté des chaudières, qui s'ouvrent spontanément lorsque la vapeur atteint une trop forte pression et préviennent ainsi les explosions.

Quand les vapeurs internes de la Terre sont si nombreuses et si serrées qu'elles cherchent un dégagement pour être moins à l'étroit, elles viennent se heurter à la partie inférieure de l'écorce; elles s'y cognent comme les mouches le long de la vitre d'une fenêtre. La fenêtre est entr'ouverte, la mouche cherche à sortir et elle se heurte au carreau jusqu'à ce qu'elle ait trouvé l'issue. De même, les vapeurs de la Terre heurtent les parois internes de l'écorce jusqu'à ce qu'elles rencontrent une issue.

J'ajouterai que c'est le choc de ces vapeurs sur des parties de la croûte terrestre moins solides que les autres qui causent les tremblements de terre. — Quant à l'issue désirée par les vapeurs, elles la trouvent dans les volcans, qui sont d'immenses soupapes, de gigantesques cheminées, communiquant avec l'intérieur du globe.

— Mais, mon oncle, reprit Jean, tu dis : les volcans. Il y a donc beaucoup de volcans ?

— On en connaît à la surface de la Terre trois cent soixante dont les éruptions sont continues ou intermittentes.

— Et il y en a d'autres ? Où donc sont-ils ?

— Sous la mer et en très grand nombre.

— Alors on ne les voit pas ?

— Non, mais quand ils sont en éruption, les marins s'aperçoivent bien de leur présence. La masse d'eau qui pèse sur eux empêche les vapeurs de s'élever en les condensant, mais elle n'empêche pas les matières liquides de s'échapper par le cratère, c'est-à-dire par la bouche du volcan, et de s'écouler dans la mer. Alors de sourdes rumeurs s'élèvent du fond de l'Océan qui bouillonne, des vapeurs qui sentent le soufre se dégagent des eaux et les navires éprouvent de violentes secousses.

— Ces volcans-là, dit M. Jean, ce sont des volcans qui n'ont pas eu la force de s'élever, comme les autres, au-dessus de la mer qui entourait le monde.

— Précisément ! Il en est qui sont restés au beau milieu du chemin, noyés par les eaux ; mais il en est quelques-uns qui se sont plus rapprochés de la surface. Aussi, lorsque ces derniers entrent en éruption, les vapeurs ont-elles assez de force pour soulever en une haute colonne les eaux qui essayent de peser sur elles. Et l'on voit ensuite surgir les matières liquides dont l'ensemble s'appelle la lave.

Quelquefois cette lave s'accumule autour du cratère en si épaisse quantité qu'elle parvient à former une île qui sort du sein de l'Océan.

M. Jean avait perdu quelque peu de son flegme accoutumé. On voyait qu'il s'étonnait des phénomènes que lui apprenait son oncle, mais on devinait qu'il restait une certaine obscurité dans son esprit.

— Tu as, sans doute, une observation à faire, mon enfant? dit Mme Fernay.

— Oui, petite mère.

— Laquelle?

— Mon oncle a dit que les volcans étaient des cheminées qui communiquaient avec le fond de la Terre.

— En effet, j'ai dit cela, répondit M. de Gaël.

— Eh bien, reprit Jean, si la communication existe, comment se fait-il que les vapeurs et la lave ne s'échappent pas constamment des volcans?

— De tous les volcans, devrais-tu dire, mon cher Jean, car il y a des volcans dont l'éruption est continue. Je te citerai, entre autres, celui qu'on désigne sous le nom de Stromboli. Il est situé dans les îles Lipari, en face de la Sicile. Depuis Homère, qui l'a signalé pour la première fois, on n'a jamais vu s'éteindre la gerbe de flamme et de fumée qui s'élance de son cratère. Et la

lave incessamment vomie par ce volcan a formé une île : l'île de Stromboli.

Mais tu n'as pas eu tort, mon cher neveu, de poser ta question. Il existe des volcans dont les éruptions ne se produisent qu'à des intervalles de temps assez éloignés.

— Et pourquoi?

— Parce que, après une éruption, et quand se produit le refroidissement, il se forme une croûte au fond du volcan. C'est une porte qui ferme toute communication avec l'intérieur de la terre.

Cette croûte n'a pas le temps de se solidifier, comme le reste de l'écorce terrestre; elle reste plus mince et plus faible, et les vapeurs, lorsqu'elles cherchent une issue, crèvent facilement cette cloison peu résistante.

— Elles enfoncent la porte.

— Elles enfoncent la porte, comme tu le dis fort bien, et elles s'échappent de leur prison.

C'est ce qui arrive trop fréquemment au Vésuve et à l'Etna.

L'éruption d'un volcan s'annonce généralement par des gron-

dements souterrains; puis du cratère s'élance une masse de poussière et de petits cailloux, bientôt suivie de vapeurs blanchâtres.

Des explosions violentes projettent à des centaines de mètres d'énormes pierres incandescentes.

La lave jaillit enfin et se déverse sur le flanc du volcan. Elle coule avec vitesse et cause souvent des dommages irréparables.

Quelque temps après sa sortie du volcan, elle se refroidit à la surface, se solidifie, se ride et se recouvre d'une croûte très dure dont l'épaisseur augmente peu à peu.

Sous cette croûte, la lave qui continue à sortir du volcan coule jusqu'à ce qu'elle soit refroidie et que l'éruption soit apaisée.

Dans cette coulée, la lave s'accumule, se solidifie et présente une texture compacte et cristallisée.

M. Jean gardait le silence. Il réfléchissait.

Bientôt il releva la tête et dit :

— Mon oncle, est-ce que les îles qui se forment dans l'Océan, comme tu le disais tout à l'heure, peuvent être habitées par des hommes ?

— Oui, quand elles ne disparaissent pas tout à coup.

— Comment ! elles peuvent disparaître ?

— Oui.

— Où s'en vont-elles ?

— Elles s'en retournent d'où elles sont venues, au fond de la mer.

— Comment est-ce possible ?

— L'écorce terrestre, subitement soulevée, reprend peu à peu son niveau, ou s'affaisse par suite de refroidissement et entraîne avec elle ce qui avait été une île.

Notre siècle a vu naître et mourir une île, — une petite île de granit et de lave. — En 1831, dans la Méditerranée, auprès de la Sicile, cette île sortit des flots. On la nomma l'île Ferdinanda, d'après le nom du roi de Naples qui régnait alors. Deux mois après, elle disparut.

— Mais si on avait été dessus, voilà qui n'aurait pas été drôle ! ne put s'empêcher de s'écrier M. Jean.

— Rassure-toi! cette petite île, constamment tourmentée par les éruptions volcaniques, n'était pas habitée.

— Il n'en était pas de même de l'Atlantide, dit André en s'adressant à son oncle.

— Oh! si l'existence de l'Atlantide n'était pas encore contestée, ce serait plus curieux qu'un conte des fées!

— Eh bien, raconte-le-moi, ce conte-là, dit M. Jean, très câlin, en embrassant son oncle.

— Pas ce soir, en tout cas! M. Jean doit être fatigué du voyage et l'heure est venue de s'aller coucher.

M. Jean dut obéir et, en s'endormant, il pensait à ce conte des fées dont il ne connaissait que le titre.

CHAPITRE VI

LES COLONNES D'HERCULE ET L'ISTHME DE PANAMA

Le lendemain il pleuvait. On ne pouvait aller se promener. M. de Gaël avait été appelé, pour affaires, à Saint-Malo.

Mme Fernay, ses deux fils et Mlle Fernande étaient réunis dans le salon.

M. Jean semblait désœuvré.

— C'est dommage, dit-il tout à coup, que mon oncle soit absent, il m'aurait raconté le conte des fées dont il parlait hier soir.

Puis, il s'arrêta.

Une réflexion lui était venue.

Il s'approcha de son frère.

— Mais, tu le connais, toi, ce conte-là !

— Quel conte ? demanda André qui lisait un journal.

— Le conte des fées.

— Ah ! çà, de quoi me parles-tu ?

— De l'Atlantide ! répondit M. Jean qui avait retenu le mot prononcé la veille.

— Et tu veux que je te raconte l'histoire de l'Atlantide ?

— Mais oui, je veux, répliqua tranquillement M. Jean.

— Alors, il ne me reste qu'a obéir ? dit André en affectant un air résigné.

— C'est cela, obéissez ! dit Fernande en souriant. J'écouterai aussi et je profiterai.

— Soit ! répondit André. Mais, pour me faire clairement comprendre, j'aurais besoin d'une mappemonde ou d'une carte de géographie...

— Qu'à cela ne tienne ! Il y a une mappemonde dans la bibliothèque. M. Jean ira la chercher.

Fernande avait à peine fini sa phrase que M. Jean était sorti.

Il rentra bientôt, tenant triomphalement dans ses bras la mappemonde demandée.

André n'avait plus qu'à s'exécuter.

On plaça la mappemonde sur une table. On s'assit, et André, montrant du doigt certains points du globe, commença :

— Voici la Méditerranée, n'est-ce pas ? Ici la Grèce, en face l'Égypte. Suivons maintenant la Méditerranée en nous dirigeant vers l'ouest et nous arrivons au détroit de Gibraltar...

— Les anciennes colonnes d'Hercule, dit Fernande.

— Oui, murmura Jean comme s'il le savait aussi bien que

sa cousine et semblant trouver fort inutile d'interrompre pour si peu de chose.

Mais André avait surpris l'intonation de son petit frère.

— Tu connais les colonnes d'Hercule? fit-il d'un air étonné.

— Mais oui.

— Alors, dis-moi ce que c'est!

— Pourquoi faire? tu le sais mieux que moi! répondit M. Jean.

— Qu'importe ! dis-le tout de même.

— Eh bien, les colonnes d'Hercule sont ces deux rochers, dit Jean en montrant un point de la mappemonde, qui marquent l'entrée du détroit de Gibraltar. On appelait Abyla le rocher qui se trouve en Afrique et Calpé le rocher qui se trouve en Espagne. Ces deux montagnes élancées avaient l'air, de loin, de deux hautes colonnes.

— Très bien, et Abyla se nomme aujourd'hui Ceuta. Quant à Calpé, c'est la montagne sur laquelle a été construite la ville de Gibraltar.

Or, les Grecs pensaient que jadis ces deux montagnes se touchaient et que, par suite, la Méditerranée n'était qu'un immense lac sans communication avec l'océan Atlantique.

D'après leurs légendes, ce fut Hercule, ce héros fabuleux et cette personnification de la force, qui écarta les deux montagnes et permit de se réunir aux eaux de la Méditerranée et de l'Océan.

— Oh! fit M. Jean avec un air de doute très accentué, est-ce que c'était possible?

— Parbleu non! il n'a jamais été possible à un homme de séparer deux montagnes par la force de ses seuls bras, comme le croyaient les Grecs de l'antiquité. Il eût fallu que cet homme possédât les moyens que la science moderne a mis à notre portée et qui servent, en ce moment, à M. de Lesseps pour diriger le percement de l'isthme de Panama...

— L'isthme de Panama? dit Jean.

— Oui, cet isthme, cette langue de terre que tu vois ici entre l'Amérique du Sud et l'Amérique du Nord.

— Et on le perce, pourquoi?

— Pour que l'océan Atlantique soit mis en communication avec l'océan Pacifique et que les navires à destination des côtes occidentales des deux Amériques puissent passer en cet endroit sans être obligés de faire ce long détour par le cap Horn.

Et André indiquait du doigt sur la mappemonde ce qu'il voulait expliquer à son petit frère.

— Je comprends, dit celui-ci, les navires économisent ainsi beaucoup de temps.

— Et beaucoup d'argent.

— Mais, reprit M. Jean, si ce n'est pas Hercule qui a percé l'isthme de Gibraltar pour en faire un détroit, qui donc est-ce?

— C'est, sans doute, un de ces tremblements de terre, une de ces commotions volcaniques dont notre oncle te parlait hier.

— Est-on donc sûr de l'ancienne existence de cet isthme? demanda Mme Fernay à son fils.

— Oui, ma mère, répondit André, l'existence de cet isthme est une vérité géologique incontestable. Elle est prouvée par le terrain, la végétation et les reptiles des environs de Gibraltar, qui sont identiques à ceux des environs de Ceuta.

— Est-ce que réellement les Grecs croyaient à Hercule et à sa force? dit Mlle Fernande.

— Oui, mais seulement les Grecs sans instruction, les Grecs sauvages.

Ce mot fit dresser l'oreille à M. Jean.

— Des sauvages, dit-il, il y en a toujours en Amérique ?

— Oui.

— Et il y en aura encore pendant longtemps ?

— C'est probable ! Mais pourquoi me fais-tu cette question ?

— Parce que je songe au monsieur qui est en train de percer l'isthme de Panama...

— A M. de Lesseps ?

— Oui. Je pense que les sauvages de l'autre monde ne comprendront pas les moyens employés par M. de Lesseps et qu'ils croiront un jour qu'il a séparé par sa seule force les deux Amériques. M. de Lesseps sera leur Hercule, à eux.

— C'est bien possible ! s'écria André, avec un sourire, et trouvant que la prophétie de M. Jean ne manquait pas d'une certaine sagesse.

CHAPITRE VII

UN MONDE ENGLOUTI PAR L'OCÉAN.

— Est-ce que nous ne nous sommes pas un peu éloignés de l'Atlantide en causant des colonnes d'Hercule? dit Mlle de Gaël.

— Au contraire, ma chère cousine, répondit André, nous nous en sommes rapprochés, car l'Atlantide était située auprès des colonnes d'Hercule non pas dans la Méditerranée, mais de l'autre côté, c'est-à-dire dans l'océan Atlantique.

— Mais enfin, s'écria Jean, nous diras-tu ce que c'était que cette Atlantide dont tu parles tout le temps?

— Oui, je vais te l'apprendre, rassure-toi! L'Atlantide était une île, que dis-je? c'était une terre immense qui se trouvait dans l'océan Atlantique et occupait une partie de l'espace qui s'étend entre l'Afrique et l'Amérique.

— Mais où est-elle cette terre immense? demanda M. Jean très curieux. Sur la mappemonde il n'y a que de l'eau !

— Cette terre immense a été engloutie par l'Océan.

Chacun leva la tête pour regarder André et s'assurer qu'il ne se moquait pas.

— Et elle était habitée, cette terre? demanda Fernande.

— Il y avait des hommes, des femmes et des petits enfants? ajouta M. Jean.

— Autant qu'il y en a en Europe.

Cette réponse d'André jeta dans la petite société, qui écoutait, un étonnement et un effroi.

— Il y a longtemps de cela? dit Mlle Fernande après quelques instants de silence.

— Oh! oui, répondit André, cette épouvantable catastrophe eut lieu avant les temps historiques, c'est-à-dire avant les temps qui nous ont transmis leur histoire; cependant les anciens en avaient conservé le lointain souvenir.

Le célèbre philosophe Platon raconte un voyage que fit, en Égypte, Solon, l'un des sept sages de la Grèce. Solon rencontra des prêtres égyptiens qui le félicitèrent d'appartenir à la république athénienne. « Nos livres, dirent ces Égyptiens, nous apprennent que votre république vainquit une puissance formidable arrivant d'une contrée qui se trouvait au milieu de l'océan Atlantique, au delà des colonnes d'Hercule. Dans cette contrée, qui se nommait Atlantide, régnaient de grands rois dont la domination s'étendait en Afrique, jusqu'à l'Égypte, et en Europe, jusqu'à l'Italie. Mais, tout à coup, il survint un tremblement de terre et l'Atlan tide fut engloutie par l'Océan et disparut sous les eaux avec tous ses habitants. »

Et les prêtres, qui parlaient à Solon, ajoutaient : « Ce que nous vous racontons remonte à neuf mille ans. »

Une réelle stupéfaction avait saisi M. Jean.

Il pensait, dans une singulière curiosité, à ce monde tout entier disparu.

Enfin, il releva la tête et dit à son frère :

— Alors, c'est vrai, ce que tu viens de nous raconter?

— Mais oui, répondit André en souriant du peu de crédulité de son auditeur.

— Et... qu'est-ce qui le prouve?

— Ah! voilà, sans aucun doute, une question embarrassante! s'écria Fernande.

— C'est tout au moins une question qui a embarrassé beaucoup de savants; mais ces savants ont écrit sur l'Atlantide de nombreux ouvrages qui peuvent nous permettre de nous faire aujourd'hui une opinion.

— Voyons donc ton opinion à toi! dit Jean.

— Eh bien, ce qui prouve, à mon sens, que l'Atlantide a véritablement existé, c'est d'abord le récit de Platon. Platon était un philosophe très instruit qui n'avait pas d'intérêt à mentir à la postérité. Puis, il n'était pas seul à être de son avis. La plupart des écrivains de l'antiquité grecque croyaient à l'existence de l'Atlantide. C'était une légende qui s'était transmise d'âge en âge et qui devait avoir une origine authentique. Nous savons que les Phéniciens et les Carthaginois avaient poussé leurs excursions commerciales dans certaines contrées situées au delà des colonnes d'Hercule, contrées qu'ils appelaient îles Fortunées, îles Élysiennes et terre des Hespérides. Ces îles sont celles que nous nommons aujourd'hui les Açores, les îles Madère et les Canaries. Elles se trouvent à l'endroit où Platon mettait l'Atlantide, et l'on peut croire avec logique qu'elles sont les débris surnageants de l'immense continent disparu.

Tiens! je t'ai dit que l'Atlantide était située entre l'Afrique et l'Amérique; eh bien, regarde sur la mappemonde, je vais te montrer la place qu'occupait très probablement cette contrée d'autrefois.

M. Jean s'approcha et Fernande aussi, prise d'un curieux intérêt.

André continua :

— Du côté de l'Europe et de l'Afrique, nous trouvons les îles Açores, les îles Madère, les îles Canaries et les îles du Cap-Vert; du côté de l'Amérique, nous voyons les îles Bermudes, les Petites-Antilles et les Grandes-Antilles, n'est-il pas vrai?

— Oui, après? fit Jean.

— Après, je te dirai que ces îles différentes sont les restes de l'Atlantide qui s'étendait, superbe, au milieu de l'Océan.

Quand le continent s'abîma dans la mer, quelques points de ce qu'on peut nommer sa bordure résistèrent, se séparant de lui et se maintenant au-dessus des flots. Ces points extrêmes, ce sont les îles que je viens d'indiquer.

Sur ce, André regarda Jean.

M. Jean, il faut l'avouer, avait un petit air sceptique bien fait pour décourager tout autre orateur que son frère.

— M. Jean ne me croit pas, dit André avec un sourire en s'adressant à Fernande.

M. Jean ne répondit pas, ce qui donnait raison à André.

— Eh bien, reprit celui-ci, je m'en vais te donner des preuves, puisqu'il t'en faut!

Les cartes géographiques des siècles derniers indiquent une première suite de rochers entre les Açores et les Bermudes, et une seconde suite de rochers entre les îles du Cap-Vert et les Antilles, — rochers qui se sont peu à peu enfoncés sous la mer et qu'on ne voit plus maintenant. Cela a-t-il pour toi une signification? N'y vois-tu pas la bordure tout indiquée de l'Atlantide?

— Ah! oui! fit Jean après un instant de réflexion.

— Voilà un premier succès! dit André en riant, continuons.

Les écrivains de l'antiquité racontent que les navires qui s'aventuraient trop au delà des colonnes d'Hercule étaient pris dans des herbes inextricables au milieu d'une eau boueuse. Christophe Colomb lui-même rencontra ces algues et ces varechs. Aujourd'hui encore ces herbes couvrent une superficie quatre fois plus grande que celle de la France. Jadis elles étaient exactement délimitées par les deux suites de rochers dont je t'ai parlé. Cette boue et ces herbes par qui ont-elles été produites, si ce n'est par une contrée abîmée sous les flots?

— Je comprends, dit Jean.

— La quantité de ces herbes, entraînées par les courants, diminue peu à peu, mais elle est encore considérable, comme je te l'ai dit. L'endroit où elles s'étendent se nomme la mer des Sargasses...

— Qu'est-ce que ça veut dire Sargasses? interrompit Jean.

— Tout simplement varechs, en espagnol.

— Bon! continue!

— Enfin, des légendes africaines et américaines racontent toutes d'une façon vraisemblable la catastrophe qui a englouti le territoire d'une grande nation, et, toutes, elles indiquent l'endroit de l'Océan occupé par la mer des Sargasses.

Et maintenant M. Jean, ajouta André, me fera-t-il l'honneur de partager mon opinion sur l'existence de l'Atlantide.

— Je la partage, répondit tranquillement M. Jean.

— Nous la partageons, reprit gaiement Fernande. Mais, dites-moi, qu'était donc ce malheureux peuple victime d'une telle catastrophe?

— Les Atlantes, — c'est le nom qu'on donne aux habitants de l'Atlantide, étaient, — c'est encore Platon qui parle! — des gens vertueux et savants; l'or brillait dans leurs palais; leurs forêts donnaient une grande quantité de bois de construction et leur pays était une des plus belles contrées de l'univers.

— Mais savez-vous que cette histoire-là n'est pas très rassurante? s'écria Mlle de Gaël. Si notre pays, à nous, allait tout à coup disparaître sous les flots!

— Oh! depuis ces époques lointaines, l'écorce terrestre a eu le temps de se refroidir et de se solidifier!

— Espérons-le! murmura M. Jean en regardant par terre autour de lui.

Et M. Jean semblait se demander avec une certaine méfiance si le sol qui le portait était réellement bien solide.

CHAPITRE VIII

OU M. JEAN DÉCOUVRE QUE LA MER EST SALÉE

Sous les derniers rayons du soleil couchant, la mer, un peu agitée ce jour-là, roulait ses vagues mugissantes dont les franges d'écume s'irisaient de brillantes et fugitives couleurs.

Une vague, plus haute et plus forte que les autres et qu'on avait vue accourir de loin, vint se briser sur la plage, mordant le sable et rampant, comme hardie et insolente, jusqu'aux petits pieds de M. Jean assis là auprès de ses parents.

On se recula prudemment de quelques pas.

Cependant la vague, en allant se reperdre dans l'immensité liquide d'où elle était sortie, avait laissé de son eau dans une petite anfractuosité de rocher.

Jean avait vu cela, et, se levant, il vint prendre dans le creux de sa main un peu de cette eau qu'il porta à ses lèvres.

M. Jean avait sans doute soif.

Fernande s'était aperçue du mouvement de son petit cousin et elle allait lui crier de ne pas boire, lorsqu'André la pria, par un geste, de ne rien dire.

Pendant ce temps-là, M. Jean avalait les quelques gouttes de l'eau de mer.

A peine eut-il fini qu'une grimace, qu'il ne put dissimuler, contracta légèrement sa figure intelligente.

— Mais c'est salé! dit-il très surpris.

A ces mots et à cette surprise qui suivaient la grimace, chacun se mit à sourire.

— Pourquoi ris-tu? dit M. Jean en s'adressant à son frère. Je ne me suis pas trompé. C'est salé. C'est même très salé.

— Je le sais bien, répondit André.

— Cette eau est donc salée? continua Jean avec étonnement.

— Oui.

— Toute cette eau-là? demanda M. Jean indiquant l'Océan.

— Oui.

M. Jean réfléchit un instant.

— A Paris, dit-il, la Seine n'est pourtant pas salée?

— En effet!

— Eh bien, la mer, c'est de l'eau. Pourquoi est-elle salée?

— Pour le plus simple des motifs...

— C'est que...?

— C'est que la mer contient du sel.

— Du sel... comme celui qu'on sert à table?

— Oui.

— Ah!... Et pourquoi la mer est-elle salée?

— Oh! ceci ne me regarde plus! s'écria André. Adresse-toi à ton oncle, qui t'a déjà parlé de la formation de la terre.

M. Jean vint se mettre à côté de M. de Gaël et le regarda, attendant tranquillement qu'il prît la parole.

M. de Gaël sourit.

— Il paraît que c'est à mon tour de répondre à monsieur mon neveu.

Jean fit un signe de tête affirmatif.

— Et monsieur mon neveu désire savoir d'où provient le sel de la mer?

Jean fit un second signe de tête non moins affirmatif.

— Eh bien, te rappelles-tu comment la mer, cette mer que tu as sous les yeux, s'est formée?

— Oui, par les grandes pluies qui sont tombées sur la terre quand elle s'est refroidie.

— Bon! ces grandes pluies, en tombant, ont trouvé à la surface de la terre des matières solubles qui avaient jailli de ses entrailles. Parmi ces matières solubles, — matières qui ont la propriété de se dissoudre ou de fondre comme un morceau de sucre fond dans un verre d'eau, — il y avait de la potasse, de la chaux, de la magnésie et une certaine substance que la chimie nomme chlorure de sodium et que, vulgairement, nous appelons sel.

Les pluies ont fondu toutes ces matières et surtout le sel, qui se trouvait à la surface de la terre en quantité considérable, et comme les pluies ont formé la mer, il n'est pas étonnant que la mer soit salée.

— Mais ce sel dont tu parles, reprit M. Jean, le...?

— Le chlorure de sodium ?

— Oui, le chlorure de sodium, ce n'est pas le sel que nous mangeons ?

— Je te ferai remarquer, mon cher enfant, qu'André t'a déjà affirmé que c'était le même sel.

Jean resta silencieux.

Il se demandait comment la poudre blanche qu'il voyait à chaque repas dans les salières de cristal pouvait être une substance identique à ce chlorure de sodium fondu dans la mer.

M. de Gaël laissa son neveu chercher quelque temps; puis, lui sachant gré de son travail mental, il dit :

— Je parierais que tu veux savoir comment le sel, auquel tu vas goûter tout à l'heure, a pu faire pour venir de l'Océan dans notre salle à manger ?

— Dame ! répondit M. Jean, c'est qu'on a découvert le moyen de séparer le sel de l'eau de mer ?

— Précisément !

— Mais le moyen ? Voilà ce que je ne sais pas.

— Oh ! il est bien simple, comme tu vas le voir. Et tu pourrais t'en servir toi-même. Tu remplirais un vase de cette eau de mer, tu mettrais le vase sur le feu et tu laisserais bouillir.

L'eau s'évaporera, et il ne restera au fond du vase que le sel, qui, lui, n'a pas la propriété, à cette température, de se transformer en vapeur.

Je dois ajouter qu'il est des moyens plus économiques de se

procurer le sel, c'est de faire évaporer l'eau simplement à l'air libre dans les marais salants...

— Les marais salants ?

— Ce sont des bassins creusés aux bords de la mer. On y fait pénétrer l'eau et on laisse évaporer. Cette fois, ce n'est pas le charbon qui se charge de l'évaporation, c'est le soleil qui donne gratuitement sa chaleur...

Quand toute l'eau s'est évaporée, on trouve au fond des bassins le chlorure de sodium...

— La poudre blanche ! interrompit Jean suivant son idée fixe.

— Non, il n'est pas alors, comme tu veux le croire, à l'état de poudre blanche. Il est sous forme de cristaux que tu connais certainement sous le nom de sel de cuisine.

La poudre blanche, c'est le sel de cuisine qu'on a pulvérisé après l'avoir épuré, c'est-à-dire après l'avoir séparé, par certaines opérations, des autres substances solubles, que je t'ai citées, et qui se sont déposées avec lui au fond des bassins.

Voilà comment s'obtient le sel.

— Pardon, mon oncle, dit alors André, n'oubliez-vous pas une autre source de production du sel ?

— Mais non.

— N'avons-nous pas des mines de sel gemme ?

— Je les oubliais, s'écria en riant M. de Gaël, mais je le faisais exprès !

Chacun regarda M. de Gaël avec surprise.

— Et pourquoi donc le faisais-tu exprès ? demanda Jean.

— Parce que si je te parle de ces mines-là, tu voudras connaître leur origine et je serai obligé de parler encore.

— Eh bien, tu parleras, dit simplement M. Jean dans sa gentillesse tranquille.

— Et voilà ce que je craignais! répliqua le digne M. de Gaël en affectant un air désolé.

Mais embrassant tout de même son petit neveu, il continua :

— Le sel gemme est du sel devenu dur comme de la pierre. D'ailleurs le mot gemme est tiré d'un mot latin qui signifie pierre. C'est toujours du chlorure de sodium, mais ses cristaux se sont tellement agglutinés qu'ils forment une masse compacte semblable au marbre. On le trouve, sous la terre, en grande quantité dans certains pays.

Les mines de sel de la Pologne sont célèbres. Elles ressemblent à une ville souterraine avec des rues et de petites maisons où ne pénètre jamais le soleil. Il y a des mineurs qui y sont nés. Il y en a beaucoup qui y sont morts. Les travailleurs de ces mines élèvent et gardent près d'eux les animaux nécessaires à leur tâche et à leur nourriture. C'est avec le ciseau et le marteau qu'ils taillent et détachent des blocs de ce sel généralement très pur et qu'il suffit de pulvériser pour le livrer à la consommation.

M. Jean avait écouté avec attention.

Quand son oncle eut cessé de parler, il dit :

— Je pensais, d'après ce que tu avais dit, qu'il n'y avait de sel que dans la mer. D'où vient donc celui qu'on trouve sous la terre ?

— De la mer.

— Je ne comprends pas du tout, dit simplement M. Jean.

— Ah! je vois bien qu'il faut que je termine mon histoire de la formation de la terre! s'écria M. de Gaël avec un sourire, mais ce sera pour plus tard. Vous attendrez, monsieur Jean!

Et comme tout le monde reprenait le chemin des Chênes, M. Jean, très philosophe, murmura :

— J'attendrai.

CHAPITRE IX

LES FORÊTS SOUS LA MER ET LES ÉLÉPHANTS DE MONTMARTRE

M. Jean était doué d'une certaine dose de patience.

Il avait dit : « J'attendrai », mais, pourtant, il ne voulait pas attendre trop longtemps.

Et comme, pendant le dîner, M. de Gaël ne s'était pas occupé de lui, Jean résolut de lui rappeler sa promesse en attirant son attention.

Au milieu du dessert, il demanda du sel.

— Tu veux du sel? s'écria Fernande en riant, pourquoi faire? Pour manger avec tes fraises?

M. Jean ne répondit pas.

Il se contenta de regarder son oncle.

M. de Gaël comprit le regard malin de son petit neveu :

— Non, ce n'est pas pour assaisonner ses fraises, dit-il, que M. Jean réclame le sel, c'est pour me faire souvenir de la formation de la terre. N'est-il pas vrai, monsieur Jean?

— C'est vrai, répondit M. Jean sans se déconcerter.

— Vous voyez que je ne me trompais pas! dit M. de Gaël en s'adressant à la famille.

Et l'on sourit de la singulière association d'idées conçue dans le cerveau de M. Jean.

— Je vais donc achever mon récit, continua M. de Gaël. Aussi bien quand tu sauras le rôle que la mer a joué dans la formation du monde, auras-tu pour elle un peu plus de respect que tu n'en as montré jusqu'ici.

Tu sais maintenant que l'enveloppe terrestre était le granit. Mais cette enveloppe était sans cesse soumise à la pression des liquides en fusion et des vapeurs qu'elle essayait d'emprisonner. Elle était peu résistante et comme molle. Souvent elle était soulevée sous forme de volcans, d'îles et de montagnes ; souvent elle apparaissait au-dessus de la mer dans une étendue considérable qui était des continents. Mais aussi souvent elle s'affaissait, engloutissant de nouveau ces mêmes continents.

M. de Gaël s'interrompit un instant, puis il dit à son petit neveu :

— Tu as vu, sans doute, des carrières dans la campagne?

— Oui, mon oncle.

— Alors tu as dû remarquer que les tranches de terre présentaient des nuances différentes.

— Oui.

— T'en es-tu demandé le motif?

— Non, répondit franchement M. Jean.

— Mais veux-tu le connaître?

— Ah! maintenant, oui!

— Eh bien, les pluies formidables et brûlantes qui tombaient sur l'écorce du granit le désagrégeaient, le décomposaient et emmenaient à la mer des sables, des argiles, des calcaires, qui se disposaient par couches successives au fond de son lit. Or il advint que ce fond fut soulevé en de vastes étendues, et alors il apparut, écartant les flots, mais recouvert, comme de feuillets superposés, des couches des diverses matières qui, pendant de longues années, étaient venues tomber sur lui. C'est ainsi que se sont formés les continents.

Et la preuve, c'est qu'on trouve dans les terrains de tous les pays des quantités considérables de poissons et de coquillages marins qui, bien certainement, n'avaient pas plus qu'aujourd'hui l'habitude de vivre en pleine terre.

— Voilà qui est curieux! ne put s'empêcher de s'écrier M. Jean.

— La terre, à partir de sa base de granit, est donc composée de couches de matières diverses, généralement calcaire, sable et argile. Pourtant il est une certaine couche que je veux te signaler:

Sur quelques-uns de ces anciens fonds de mer s'élevèrent d'abord des forêts. Mais la croûte terrestre n'était pas encore suffisamment solidifiée; elle s'affaissa de nouveau, se laissant, avec les forêts qu'elle supportait, recouvrir par la mer.

Les forêts pourrirent au milieu des eaux. Elles fermentèrent et se décomposèrent, bientôt écrasées sous le poids des diverses couches de matières amenées par les pluies et qui venaient se déposer sur elles. Et quand une nouvelle convulsion souterraine souleva une autre fois la croûte élastique où elles reposaient, elles étaient transformées en une substance noire et cassante que nous extrayons aujourd'hui et que nous brûlons, car ce n'est autre chose que... le charbon de terre !

Quant au sel gemme, il provient de grands quantités d'eau de mer qui, formant des lacs, se sont peu à peu évaporées et ont déposé leur sel au milieu de la terre.

M. Jean avait l'air réellement étonné.

Il regarda les assistants pour s'assurer qu'on ne se moquait pas. Puis, son examen fini, il dit à son oncle :

— Continue, veux-tu ?

— Je veux bien, répondit M. de Gaël, très content de l'attention de M. Jean.

— Mais avant, dis-moi, mon oncle, est-ce qu'il y avait des animaux à cette époque-là ?

— Dans la mer il y avait des poissons, des crustacés et des coquillages. Sur la terre il y avait des reptiles et un animal étrange dont on a retrouvé les os dans une couche de terrain sablonneux. Cet animal, qui vivait à moitié sur la terre et dans les eaux, était une sorte de gigantesque grenouille qu'on appelle le labyrinthodon. Ses pieds avaient cinq doigts disposés comme ceux de la main de l'homme et ses mâchoires étaient armées

de dents pointues. Cette énorme grenouille avait la tête du crocodile.

— La vilaine bête! s'écria Mlle Fernande.

— Vilaine est une expression relative, dit André. Ses semblables la trouvaient peut-être très jolie!

— C'est possible, continua M. de Gaël en riant de la remarque d'André, mais il y eut encore des animaux plus monstrueux que le labyrinthodon.

Dans une couche de terrains superposée à la couche précédente, dans le terrain qu'on nomme le terrain jurassique, parce qu'il compose les montagnes du Jura, on a trouvé des os, des squelettes de l'ichtyosaure, immense lézard, qui mesurait dix mètres de longueur; du plésiosaure, reptile gigantesque dont le cou semble être un serpent, et du ptérodactyle, qui était une espèce de chauve-souris à la tête énorme et à la machoire munie d'une longue rangée de dents.

Ce n'est que beaucoup plus tard qu'apparurent les ours, les tigres, les hyènes, les lions, les éléphants, les chevaux et la plupart des espèces animales qui vivent de nos jours. On ne retrouve, en effet, leurs ossements que dans les dernières couches de terrain formées.

— Et ces animaux-là étaient-ils très nombreux? demanda M. Jean.

— Ils couvraient toute la terre qui, n'étant pas encore tout à fait froide, présentait l'aspect d'une luxuriante forêt, immense et continue.

Les éléphants surtout ont dû vivre, à une époque, en quantité considérable, car on retrouve leurs os dans tous les pays, aussi bien dans les glaces de la Sibérie que dans les carrières de la butte Montmartre.

— Comment! s'écria Fernande étonnée, des éléphants ont vécu à la place où est Montmartre, à Paris, à Paris même?

— Mais oui.

— Cela n'a rien d'étonnant, reprit M. Jean, il y en a bien encore qui y vivent aujourd'hui, à Paris.

Mlle de Gaël regarda son cousin sans comprendre.

Alors M. Jean ajouta posément, avec son petit sourire tranquille :

— Au jardin des Plantes, mademoiselle !

CHAPITRE X

PARIS AU FOND DE LA MER

La réflexion doucement railleuse de M. Jean avait ramené à la réalité de l'heure présente les esprits emportés dans les rêves merveilleux de la formation du monde.

Aussi M. de Gaël dit-il à son petit neveu :

— Maintenant il faut aller te coucher.

— Quand tu auras fini, mon petit oncle! dit M. Jean avec une gentille intonation de prière.

— Mais j'ai fini !

— Oh! non !

— Non?... Comment sais-tu que je n'ai pas fini ?

— Je n'en sais rien, mais je le devine.

— Allons ! du moment qu'on ne peut rien te cacher, répondit M. de Gaël, il me faut bien continuer et finir, comme tu dis.

Je t'ai montré les couches successives de terrain formées sur le fond de la mer et apparaissant un jour par le soulèvement de la croûte terrestre, alors molle et élastique, et tu penses bien que cette formation de terrain ne s'opéra pas en quelques jours, mais en des périodes de siècles incommensurables.

Je dois te dire maintenant qu'il est d'autres terrains qui, pour apparaître au-dessus des eaux, n'ont pas eu besoin que le fond de la mer se soulevât.

— Comment ont-ils fait ?

— Ils se sont exhaussés eux-mêmes. Une première couche de sable, d'argile ou de calcaire s'est déposée en un certain point de l'Océan. Sur cette première couche une deuxième est venue se mettre, puis une troisième, une quatrième, une cinquième, toutes s'élevant sans cesse jusqu'à ce qu'une dernière dépassât la surface des eaux.

M. Jean ne semblait pas très bien saisir l'explication de son oncle.

André avait remarqué l'état d'esprit de son frère; il avait empli d'eau un compotier et s'était fait apporter la boîte aux dominos.

Puis, il avait laissé tomber un domino au milieu du compotier, sur ce domino un deuxième, un troisième, un quatrième,

jusqu'à ce qu'une petite pile de dominos s'élevant au milieu du compotier dépassât le niveau de l'eau.

Cela fait, il interrogea son frère du regard.

M. Jean avait froncé les sourcils, cherchant à deviner le jeu de son frère.

Quand le dernier domino posé sur les autres apparut au-dessus de l'eau, il s'écria :

— Ah ! j'ai compris. Tu viens de former le terrain dont me parlait mon oncle.

— Précisément ! dit André, très content de sa petite démonstration ; cette eau, c'est la mer et les dominos sont les couches de terrains qui se sont superposées peu à peu et ont fini par s'élever au-dessus de l'Océan.

— Mais ces sables, ces argiles, ces calcaires qui se déposaient ainsi au fond de la mer, d'où venaient-ils ?

— Ils avaient été entraînés, je te l'ai déjà dit, par les pluies torrentielles qui les avaient trouvés à la surface de la terre déjà formée et qui les emportaient dans leur courant.

Ce puissant et continuel lavage de ce qui était terre alors était produit encore par d'immenses déluges. Quand une partie du fond de la mer se soulevait, elle écartait forcément les flots pour se livrer passage, de même que si le fond du compotier pouvait se soulever tout à coup, il ferait déborder son eau. Ces flots se répandaient vers les autres parties de la surface terrestre, la noyant sous des torrents fougueux qui entraînaient tout ce qu'ils pouvaient.

Ces torrents, après avoir glissé sur la surface terrestre, allaient se rejeter dans la mer, au fond de laquelle ils déposaient ce qu'ils avaient emporté.

Je dois te parler encore d'un terrain qui a été formé uniquement par des animaux...

— Par des animaux? ne put s'empêcher de répéter M. Jean.

— Oui, par des animaux. Il s'est accumulé sur de nombreux endroits, au fond de la mer, des quantités de coquillages. Un coquillage, tu le sais, c'est un animal qui a une coquille.

— Par exemple, le colimaçon? demanda Jean.

— Oui, mais les coquillages dont je te parle étaient microscopiques, et ils existaient en une si étonnante quantité que leurs coquilles ont comblé l'Océan en de nombreux endroits, formant ce qu'on appelle le terrain crétacé, c'est-à-dire le terrain composé de craie.

Cela est si vrai qu'en examinant au microscope un morceau de craie, on voit que ce n'est autre chose qu'un amas de petites coquilles étroitement collées les uns aux autres.

— Comment! murmura M. Jean avec un véritable étonnement, la craie avec quoi on écrit, c'est des animaux?

— Au moins des coquilles d'animaux et tout le terrain calcaire a la même origine. Ainsi la butte Montmartre, dont nous parlions tout à l'heure, n'est qu'un amas de ces mêmes coquilles...

La butte Montmartre formée de coquillages qui avaient vécu dans l'Océan! M. Jean n'en pouvait croire son oncle. Il le fit répéter.

— Mais, dit-il, tu m'as dit que ces coquillages habitaient la mer?

— Oui.

— Alors, la mer était donc à Montmartre?

— Sans doute!

M. Jean réfléchit encore, puis il dit :

— C'est haut, la butte Montmartre. C'est bien plus haut que Paris?

— En effet.

— Mais alors si la mer était à Montmartre?...

Sur ce M. Jean s'arrêta. Il hésitait à formuler la réflexion qui le travaillait.

— Eh bien, si la mer était à Montmartre?... reprit M. de Gaël encourageant son petit neveu.

— Eh bien, dit enfin M. Jean, mais d'un ton un peu intimidé, eh bien, si la mer était à Montmartre, Paris était donc au fond de la mer?

Et il attendit, inquiet de la réponse.

— Il y était! dit M. de Gaël.

— Oh!... fit M. Jean avec un accent si convaincu de désolation et de désillusion qu'il mit toute la famille en gaieté.

— En quoi cela peut-il si fort te contrarier, mon enfant? demanda Mme Fernay dans un sourire.

M. Jean regarda sa mère et son œil intelligent s'éclaira.

Il se frappa le front avec un petit geste de mécontentement contre soi-même :

— Mais, dit-il, je suis bête comme tout!... Paris ne pouvait pas être au fond de la mer, puisqu'alors Paris n'existait pas!

84 LES DÉCOUVERTES DE MONSIEUR JEAN.

Et il passa dans son regard une ombre de reproche à l'adresse de son oncle, qui semblait lui avoir laissé croire à la possibilité de Paris sous la mer.

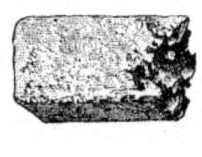

CHAPITRE XI

LE TERRAIN CRÉTACÉ ET LES CHOUX ET LES CAROTTES.

— Pardon, monsieur Jean, pardon! reprit en riant M. de Gaël qui ne voulait pas rester sous le coup d'un tel reproche, j'ai cru que vous m'aviez compris et que vous vouliez seulement parler de la place où est actuellement votre Paris.

— C'est vrai, mon petit oncle, dit M. Jean avec gentillesse, j'ai eu tort. J'aurais dû réfléchir avant de parler.

Puis, il reprit :

— Ainsi la place où est Paris était sous la mer?

— Oui.

— Alors le fond de la mer s'est soulevé un jour pour mettre au-dessus des eaux les terrains où Paris s'est construit.

— Ah! non.

— Comment! non?

— Ne t'ai-je pas parlé des terrains qui s'étaient formés eux-mêmes en s'exhaussant par couches successives jusqu'au-dessus des eaux? Et ne t'ai-je pas cité particulièrement le terrain crétacé?

— Le terrain formé de coquilles?

— Précisément. Eh bien, c'est sur ce terrain-là que Paris est bâti...

— Sur des coquilles?

— Comme tu le dis! On a pu se rendre compte en étudiant les différents terrains de notre pays comment, peu à peu, la France avait pris naissance, s'élevant du sein des flots.

Les premières parties de la France qui apparurent au-dessus des eaux furent la Bretagne, l'Auvergne et les Vosges. C'est la croûte terrestre, la croûte de granit, qui les forma en se soulevant...

— Tu as dit la Bretagne?

— Oui.

— Alors ici, aux Chênes, nous sommes sur le premier terrain qui soit sorti de la mer?

— Parfaitement.

M. Jean se leva, alla vers la fenêtre et regarda la terre qui s'étendait devant le château sous les rayons argentés de la lune.

Puis, il revint s'asseoir, ému d'une respectueuse admiration pour cette vieille terre de France.

M. de Gaël avait compris et approuvé le mouvement naïf de son petit neveu.

Il continua :

— La Bretagne, l'Auvergne et les Vosges formaient alors comme les trois angles solides d'un immense triangle liquide.

Sur le côté droit de ce triangle se déposa un terrain d'argile et

de sable appelé le terrain jurassique, parce qu'il compose surtout le département du Jura, mais ce terrain a formé aussi la Nièvre, la Haute-Marne, la Meurthe-et-Moselle, l'Alsace et la Lorraine.

Le long du petit côté du triangle s'élevèrent du fond de la mer des amas de coquillages qui joignirent, par une bande de terrain crétacé, le point où est Dunkerque au point où est Rouen aujourd'hui.

L'intérieur du triangle se rétrécit de plus en plus, car les coquillages qui y naissaient, y mouraient et s'y accumulaient sans cesse, s'élevaient, formant des terrains, et ces terrains, comme tu le penses, prenaient la place de la mer.

Enfin, il ne resta plus qu'un vaste bassin de mer au milieu de cette France qui était en train de se former.

Ce bassin fut encore comblé par du terrain crétacé qui montait du fond de la mer et qui forma la Normandie, la Bourgogne, le département de la Seine et...

— Et Paris! s'écria M. Jean heureux de ne pas laisser son oncle achever sa phrase.

— Et Paris, comme tu le dis. Mais tu supposes bien que ce n'était pas le Paris que tu habites. Paris ne s'est pas fait en un jour, suivant le vieux dicton. Quand le bassin d'où il devait sortir fut comblé par le terrain crétacé et par les débris de terre que les torrents apportaient là comme dans un large réservoir, Paris n'était qu'un grand marais qui se dessécha lentement.

Et il n'y a pas très longtemps que le dessèchement définitif de ce marais s'est opéré. Lutèce, le nom que les Romains donnaient à Paris, signifie habitation au milieu des eaux. Au moyen âge même, Paris était divisé en dix îles ou bancs de sable.

Mais l'évaporation constante des eaux a séché le terrain et, peu à peu, les habitants ont pu extraire de la pierre des carrières de calcaire qu'ils avaient auprès d'eux et du plâtre de la butte Montmartre, — ce plâtre qui n'est autre chose qu'un amas de coquillages décomposés.

Puis, comme les rues restaient encore humides et boueuses,

ils les ont pavées, et tu sais qu'ils ont employé et qu'ils emploient encore pour cela le grès de Fontainebleau.

— Je sais ça, dit M. Jean, mais le grès, j'ignore ce que c'est.

— C'est simplement du sable qui a été entraîné, roulé et aggloméré par les eaux dans les premiers temps de la formation

de la terre. Les eaux en ont déposé des blocs énormes en certains endroits; puis, quand elles se sont retirées, elles n'ont pas eu la force de les emporter et elles les ont laissés où ils étaient.

M. Jean pensait à une chose qu'il s'efforçait en vain de comprendre. Il se demandait si son oncle ne s'était pas trompé ou plutôt n'avait rien oublié.

Il finit par dire, voulant se convaincre :

— Paris est sur le terrain crétacé; mais la campagne des environs de Paris n'est pourtant pas sur ce même terrain ?

— Mais si.

— Cependant, reprit judicieusement M. Jean, les choux et les carottes qu'on cultive aux environs de Paris ne poussent pas sur des champs de craie ?...

— Ah! mon cher enfant, dit en souriant M. de Gaël, tu as raison ; mais je n'ai pas tort, comme tu vas voir.

Le vrai terrain de Paris et de ses environs est bien de la craie, mais sur cette craie des torrents d'eau ont passé en y laissant leurs alluvions...

— Alluvions? fit Jean qui entendait ce mot pour la première fois.

— C'est le nom donné aux dépôts terreux de diverses sortes laissés par les eaux. Le nom d'alluvion vient d'un mot latin qui signifie arroser, comme tu peux le savoir.

Il y a les alluvions marines et les alluvions d'eaux douces.

Les alluvions marines sont formées par la mer qui, en se répandant sur le sol plat des côtes, dépose une mince couche de vase ou de sable.

Les alluvions d'eaux douces sont produites par les eaux qui, passant sur des roches facilement désagrégeables, en ont entraîné des parties qu'elles abandonnent ensuite le long de leur cours.

Ces alluvions enrichissent le sol quand elles sont composées principalement d'argile et de calcaire. Elles l'appauvrissent quand elles sont trop chargées de sable.

Heureusement pour Paris et ses environs, les alluvions dont je te parle étaient de bonne qualité. Ces dépôts ont formé sur la craie une couche peu épaisse mêlée d'argile, de sable et de chaux, qui est la terre arable ou cultivable.

Et, comme partis du granit, ajouta gaiement M. de Gaël, c'est-à-dire de la première enveloppe terrestre, nous voilà arrivés à la terre arable, c'est-à-dire à la dernière enveloppe, je crois avoir suffisamment rempli mon rôle de narrateur et j'espère que M. Jean me laissera aller dormir.

Sur ce, M. de Gaël embrassa M. Jean, dit bonsoir à tout le monde et se retira.

CHAPITRE XII

OU M. JEAN DÉCOUVRE POURQUOI LA SEINE N'EST PAS SALÉE

Mme Fernay s'était levée et s'approchait pour emmener M. Jean se coucher.

Mais elle vit que son petit curieux de fils avait la mine toute penaude :

— Qu'as-tu donc, mon enfant ? demanda-t-elle.

— J'ai, petite mère, que j'aurais bien voulu finir ce soir ! murmura M. Jean.

— Finir quoi ?

— Finir de savoir la formation de la terre.

— Mais tu la sais. Ton oncle vient de te la raconter.

— Oui, mais il y a quelque chose que je ne comprends pas. J'aurais voulu qu'il me l'expliquât.

— André est là, dit alors Fernande en montrant son cousin.

— Mais saurais-je satisfaire la curiosité de monsieur mon frère? riposta André.

— Oui, oui, tu sauras! s'écria Jean avec conviction.

— Vous saurez, répéta amicalement Mlle Fernande.

— Allons! de quoi s'agit-il? dit André en se résignant avec un sourire.

— Voici, dit Jean. Mon oncle et toi, vous m'avez raconté l'histoire de la terre, parce que je vous avais demandé pourquoi la mer était salée...

— En effet, dit André, c'est le point de départ de ce grand récit.

— Oui, répondit Jean reprenant l'idée qu'il avait déjà conçue en goûtant à l'eau de mer; mais je voudrais savoir maintenant pourquoi la Seine n'est pas salée.

— Pourquoi...

— Oui, car la Seine, c'est de l'eau, tout comme la mer. Eh bien, comment se fait-il qu'elle ne contienne pas de sel?

— Parce que la Seine provient d'une source. Tu n'es pas sans savoir ce que c'est qu'une source?

— Oui, c'est de l'eau qui sort de terre. Mais d'où vient-elle, cette eau-là?

— Tu sais que l'eau tend constamment à se changer en vapeurs. Or l'eau de mer en s'évaporant n'emporte pas son sel; ses vapeurs n'en sont point chargées. Tu sais encore que la terre

s'est beaucoup refroidie et que plus on s'éloigne de son centre, plus il fait froid. C'est pour ce motif que les sommets des montagnes, très froids, arrêtent en les transformant en neiges et en glaces les masses énormes de vapeurs qui s'élèvent constamment de la mer.

Quand ces neiges et ces glaces viennent à fondre, l'eau qu'elles produisent glisse sur les flancs de la montagne, s'infiltre dans le sol où elle continue à glisser, et si elle trouve plus loin une crevasse par où elle peut s'échapper de sa route souterraine, elle en profite et on la voit soudain jaillir de terre. Cette eau qui sort du sein de la terre, c'est une source. Elle a été formée par des vapeurs, elle ne contient donc pas de sel, rappelle-toi cela. Or la Seine, comme tous les cours d'eau, a une source pour origine...

— Une source! une toute petite source?... dit M. Jean.

— Une toute petite source, comme tu dis, qui sort des montagnes de la Côte-d'Or, près du village de Saint-Germain-la-Feuille. C'est d'abord un petit ruisseau qui coule fort modestement; mais bientôt un autre ruisseau, produit par une autre source, vient se jeter dans son cours; après ce ruisseau en voici un deuxième, puis un troisième et le lit de la petite Seine s'agrandit, son volume d'eau augmente, et le petit ruisseau de la Côte-d'Or devient le fleuve que tu connais... et qui n'est pas salé.

La petite source s'est mise à couler dans la direction du nord-ouest en décrivant d'innombrables sinuosités. Elle a traversé les départements de la Côte-d'Or, de l'Aube, de Seine-et-Marne, de Seine-et-Oise, de la Seine, de l'Eure et de la Seine-Inférieure. Elle a arrosé Châtillon, Bar, Troyes, Nogent, Montereau, Melun,

Corbeil, Paris, Poissy, Meulan, Mantes, Vernon, Pont-de-l'Arche, Elbeuf, Rouen, Caudebec, Lillebonne, Quillebeuf et, parvenue entre Honfleur et le Havre après avoir parcouru près de huit cents kilomètres, cette petite source, devenue grande, se jette dans la Manche par une embouchure de douze kilomètres de largeur. Il est vrai qu'elle a recueilli dans ses eaux, chemin faisant, les eaux de la Marne, de l'Aube, de l'Oise, de l'Yonne, du Loing, de l'Eure et d'autres rivières assez respectables.

Je suppose maintenant, ajouta André, que tu vas nous permettre d'aller nous reposer, car nous avons assez parlé ce soir terre et mer.

— Oui, murmura M. Jean.

Et, entre ses lèvres, il murmurait ces deux mots « terre et mer » qui, ainsi alliés dans la phrase d'André, semblaient étonner son oreille.

— Terre et mer, dit-il enfin très bas craignant de faire une question un peu ridicule, est-ce que ça a un sens, ces deux noms-là ?...

Mlle Fernande éclata de rire et vint prendre Jean par la main.

— Que vas-tu chercher à présent? dit-elle toute gaie, prête à emmener M. Jean.

Puis, comme elle vit qu'André s'apprêtait à répondre à M. Jean, elle s'arrêta sérieuse, un peu confuse.

— Le mot terre, dit André à M. Jean sans paraître remarquer le mouvement de Fernande, vient du sanscrit, c'est-à-dire de la plus vieille langue connue, et signifie « ce qui est sec ». Tu vois qu'on ne saurait choisir une meilleure étymologie.

— Et que veut dire mer? demanda vivement Fernande, soudain intéressée.

— Mer a sa racine dans le même idiome, répondit André, et signifie l'immensité déserte.

Et André ajouta en regardant doucement Fernande :

— N'est-ce point ainsi, ma chère cousine, que la mer se présente à notre pensée dans sa majesté mystérieuse, avec son irrésistible séduction ?

Mlle de Gaël baissa les yeux et ne répondit pas.

CHAPITRE XIII

MADAME HAMELIN, LA FIANCÉE DU PÊCHEUR

Un matin, André, Fernande et M. Jean étaient allés jusqu'à la pointe de la Varde, une falaise qui s'avance dans la mer, à peu de distance de Roteneuf.

Le temps était sombre, la chaleur lourde, et la mer semblait à peine secouée de légers frissons.

Deux pêcheurs passèrent près des promeneurs.

— Voilà un temps qui ne promet rien de bon, disait l'un ; la mer sera mauvaise aujourd'hui.

— C'est sûr, répondit l'autre. Et puis Mme Hamelin est là !

André et M. Jean avaient entendu ce dialogue, dont la dernière phrase les avait surpris.

Ils regardaient Fernande.

— Qu'ont-ils voulu dire ? demanda André.

— Qui est-ce donc, Mme Hamelin ? ajouta M. Jean.

Mlle de Gaël fit signe à ses cousins de garder le silence, et, d'un geste, elle leur indiqua une femme debout sur l'extrémité de la falaise, qui, de la main abritant ses yeux, regardait devant elle, au loin, dans la mer, avec une immobilité et une fixité singulières.

— Voilà Mme Hamelin ! dit-elle à voix basse.

André et son frère s'étaient arrêtés, pris de curiosité et d'étonnement.

— Oh ! nous pouvons monter jusqu'auprès d'elle. C'est à peine si la pauvre femme s'apercevra de notre présence.

Bientôt les promeneurs atteignirent l'extrémité de la falaise.

Ils se trouvaient alors à quelques pas de celle qu'on appelait Mme Hamelin et qui paraissait ne pas les avoir entendus venir, car elle n'avait fait aucun mouvement.

André, suivant l'exemple de Fernande, restait silencieux, examinant la femme, dont on ne distinguait que le profil.

M. Jean, plus curieux ou plus audacieux, s'était avancé sans qu'on eût eu l'idée de le retenir ; et, maintenant il pouvait voir Mme Hamelin presque de face.

Le mouvement qu'il venait d'opérer attira l'attention de la femme.

En regardant M. Jean, elle aperçut Mlle de Gaël.

— Bonjour, madame Hamelin ! dit Fernande d'une voix pleine de compassion.

Mme Hamelin ne répondit pas ; mais dans ses yeux qui jusqu'alors n'avaient contenu qu'une profonde indifférence, il passa une lueur de sympathie et d'affection. Elle avait reconnu Mlle de Gaël.

Puis, tout à coup, son regard tomba sur André. Elle remarqua que Fernande donnait le bras au jeune homme, et ses yeux allèrent de l'un à l'autre dans une muette interrogation.

Pas une parole ne sortit de sa bouche pour répondre à l'adieu de Fernande, qui s'éloigna avec son cousin ; mais quand les deux jeunes gens se retournèrent, au bas de la falaise, ils s'aperçurent que Mme Hamelin les regardait encore.

— C'est étrange ! murmura Fernande, se parlant à elle-même.

— Mais dis-nous donc, cousine, ce que c'est que Mme Hamelin, demanda M. Jean.

— Oui, parlez, ajouta André ; quelle est cette femme mystérieuse ?

— Je vais vous l'apprendre.

On s'assit sur la grève et Mlle de Gaël commença :

— Il y a deux ans de cela, c'était sur la fin de l'été. Depuis quelques semaines, Marie-Jeanne, une jeune et jolie fille de Cancale, était fiancée avec Antoine Hamelin, un des bons pêcheurs du pays.

Ces jeunes gens s'aimaient. Ils avaient été élevés ensemble et l'idée ne leur était jamais venue qu'ils ne pussent être, quand ils seraient grands, mari et femme.

Marie-Jeanne promettait d'être une brave ménagère et Antoine

Hamelin déjà s'était fait une réputation d'honnête homme et de travailleur

Quand, dans le vieux port de Cancale, on apprit les fiançailles de Marie-Jeanne avec Antoine Hamelin, personne ne fut surpris. C'était une nouvelle à laquelle chacun s'attendait

Antoine Hamelin avait loué une des antiques maisonnettes du port; il l'avait fait remettre à neuf et y avait installé son mobilier modeste, mais solide et brillant de soins. C'était toute la dot qu'il apportait à Marie-Jeanne.

Marie-Jeanne n'avait plus au monde qu'une vieille tante avec qui elle demeurait. De petites économies, que possédait la tante, suffisaient à faire vivre les deux femmes.

En somme, l'union de Marie-Jeanne et d'Antoine Hamelin se présentait sous les conditions les plus favorables. Le passé était sans reproche, le présent était calme et heureux, et l'avenir s'ouvrait plein de promesses pour un travailleur et pour une honnête femme.

La date de la noce était fixée, les amis et les amies d'Antoine Hamelin et de Marie-Jeanne avaient été invités, les petits préparatifs de la cérémonie étaient faits, et nul obstacle ne semblait devoir surgir.

Le mariage devait avoir lieu un samedi.

La veille, comme à son habitude, Antoine Hamelin avait tenu à partir pour la pêche, quoique le temps menaçât.

Cependant la journée s'était passée avec calme, lorsqu'au coucher du soleil, la mer devint subitement furieuse.

Le soir arriva et la *Marie-Jeanne*, — car, par une attention touchante, Antoine Hamelin avait donné à son bateau le nom de celle qu'il considérait déjà comme sa femme, — la *Marie-Jeanne*, dis-je, n'était pas rentrée au port.

L'inquiétude commençait à envahir les esprits.

On savait de quel côté devait revenir la *Marie-Jeanne*, et puisqu'elle n'était pas signalée à Cancale, peut-être avait-on de ses nouvelles au sémaphore de Roteneuf.

A peine cette idée eut-elle parcouru les groupes qui attendaient sur la jetée que Marie-Jeanne, malgré la nuit, malgré l'orage, partait sans avertir personne et arrivait à Roteneuf. Au sémaphore, on n'avait aucune nouvelle du bateau.

Marie-Jeanne, prise par une étrange intuition, suivit la côte presque à l'extrémité avancée dans la mer, c'est-à-dire jusqu'à la pointe de la Varde; et là, elle resta durant toute la nuit, cherchant à percer de ses regards les ténèbres épaisses, à voir quelques signaux d'alarme, à surprendre quelques cris d'appel, et pendant de longues heures, battue par le vent, trempée par la pluie.

C'est là qu'on la retrouva le lendemain matin, alors que nul doute n'était plus possible sur le sort de la *Marie-Jeanne*.

On lui dit, en prenant bien des précautions, que le bateau avait fait naufrage — car cela, on ne pouvait pas le lui cacher — mais on tâcha de lui faire croire qu'Antoine Hamelin avait été recueilli par un steamer allant à Jersey et qu'on le reverrait bientôt.

Marie-Jeanne ne se laissa pas abuser par ces vaines consolations. Elle avait compris que son fiancé était à jamais perdu.

Elle tomba, tremblante de fièvre, entre les bras de ceux qui lui parlaient et se laissa emporter.

Pendant de longs jours elle fut en proie au délire. Son sommeil était troublé par des rêves et des hallucinations. L'intelligence n'était pas encore lésée; mais la malade avait des crises où, le regard animé, elle parlait de son mariage avec une loquacité intarissable et qui faisait peine.

Ces crises finirent par s'espacer à des intervalles assez considérables et l'on put croire que Marie-Jeanne recouvrerait la raison.

Un jour que sa tante l'avait laissée seule à la maison, Marie-Jeanne, convalescente, chercha à se rendre utile; elle voulut remettre de l'ordre dans la demeure qu'elle tenait jadis avec tant de soin.

Elle trouva dans une armoire un paquet de journaux déjà vieux de quelques semaines et ses regards en parcoururent machinalement les pages.

Elle allait les plier et les mettre dans un coin quand elle eut tout à coup un soubresaut.

Un nom — un nom qu'elle venait de lire — lui avait comme brûlé les yeux.

Elle se redressa, tâchant de retrouver son sang-froid, et alla s'asseoir à la table qui était devant la fenêtre.

Là, elle lut, relut et lut encore un entrefilet qui l'intéressait profondément, la malheureuse.

— Qu'y avait-il donc dans le journal? dit M. Jean ne pouvant s'empêcher d'interrompre sa cousine.

— Il y avait à peu près ceci :

« Le bateau de pêche la *Marie-Jeanne* a fait naufrage dans la

nuit de vendredi sur les rochers de la Conchée. Le bateau a sombré, engloutissant le capitaine et les hommes d'équipage. Le capitaine de la *Marie-Jeanne* se nommait Antoine Hamelin. »

Voilà ce que contenait le journal et voilà ce que Marie-Jeanne relisait encore lorsque sa tante rentra.

Mais alors Marie-Jeanne était folle !

L'excitation accidentelle que l'infortunée venait d'éprouver avait arrêté net la guérison et déterminé la folie, ou plutôt la démence, car son état ne présente aucune exaltation. Marie-Jeanne n'a plus de détermination, n'a plus de volonté ; tout lui est indifférent et il n'y a plus dans son cerveau accablé qu'une seule et toujours même idée : chaque fois que la mer est furieuse et même, chose étonnante, chaque fois que le temps menace, elle vient à cette pointe de la Varde et regarde, sans que rien puisse la distraire, les rochers de la Conchée où son fiancé a trouvé la mort.

André et M. Jean avaient écouté avec une attention émue la triste histoire de Marie-Jeanne, et pendant quelques instants ils restaient silencieux, songeant à l'infortune de la pauvre fiancée.

Ce fut André qui reprit le premier la parole :

— Ma chère cousine, dit-il, il y a dans la fin de votre récit une phrase qui me semble expliquer le dialogue des pêcheurs rencontrés tantôt, n'est-il pas vrai ?

— En effet, la présence de Mme Hamelin à la pointe de la Varde était pour ces pêcheurs l'indice certain d'un temps menaçant.

— Comment donc Mme Hamelin peut-elle savoir si le temps sera mauvais ? demanda M. Jean.

Fernande hocha la tête, ne sachant que répondre.

— Cette sorte de divination peut s'expliquer, dit alors André, précisément par l'état mental de la pauvre femme. Toutes les forces de son esprit se sont concentrées sur cette seule idée qui a pris alors une valeur presque prophétique et je croirais volontiers pour ma part aux prédictions inconscientes de Mme Hamelin.

— Au fait, pourquoi l'appelle-t-on Mme Hamelin, demanda de nouveau M. Jean, puisqu'elle n'a pu devenir la femme d'Antoine Hamelin ?

— Pourquoi, mon cher monsieur Jean, répondit Mlle de Gaël, c'est parce qu'il y a eu chez les braves gens de pêcheurs qui entourent Marie-Jeanne un sentiment de bonté et de compassion d'une délicatesse infinie.

Quand elle commença à sortir dans les rues du vieux port, guérie de corps, mais malade d'esprit, elle tenait sans cesse à la main le journal où elle avait lu la fatale nouvelle et dont elle n'a jamais voulu se dessaisir ; elle passait devant ceux qu'elle avait connus et ne les reconnaissait pas ; elle allait sans voir rien ni personne, et les vieux pêcheurs et les petits enfants eux-mêmes la regardaient, attristés de sa tristesse ; le journal qu'elle tenait était comme la funèbre lettre de faire part de la mort d'Antoine Hamelin ; et les vieux pêcheurs et les petits enfants décidèrent, les uns dans leur sagesse, les autres dans leur naïveté, que Marie-Jeanne, la pauvre endolorie, qui ne pouvait plus être la fiancée d'Antoine Hamelin, eût été bien digne d'être sa femme et voilà pourquoi ils l'appelèrent et l'appellent toujours avec respect : Mme Hamelin.

— Ah ! c'est gentil, ça ! s'écria M. Jean.

Et M. Jean, malgré son petit scepticisme, était vraiment ému.

— Oui, voilà une attention touchante, dit à son tour André, et je pense que ces braves gens doivent faire ce qu'ils peuvent pour rendre la situation de Marie-Jeanne la moins triste possible.

— Marie-Jeanne ne manque de rien et ne ressent nul besoin. Cependant si l'on veut lui causer une joie que l'on devine bien grande, c'est de lui prêter une barque.

— Une barque? dit M. Jean.

— Oui, avec cette barque elle va seule, habile et brave comme la femme d'un pêcheur, vers ces rochers qui ont tué son fiancé. Elle explore cet amas de récifs compris sous le nom de Haies de la Conchée; et la Rimponière, la Ronfleresse, la petite et la grande Conchée n'ont plus de secrets pour elle; elle en connaît les passes, elle en sait les périls et Marie-Jeanne ne fera pas naufrage comme Antoine Hamelin.

— Voilà qui est singulier! dit André; mais ne disiez-vous pas tout à l'heure, ma chère cousine, que rien ne pouvait distraire Mme Hamelin quand, de la pointe de la Varde, elle contemplait les Conchées?

— En effet.

— Eh bien, par quel hasard ou par quelle circonstance dont la cause m'échappe, Mme Hamelin vous a-t-elle regardée avec des yeux où se lisait évidemment une réelle gratitude?

— C'est fort simple, répliqua Mlle de Gaël un peu embarrassée; Mme Hamelin me connaît parce que j'ai eu l'occasion de lui rendre quelques services.

— Oh! de cela je me doute bien, répondit André; mais cela n'explique pas comment il se fait qu'elle m'ait regardé aussi, moi qui la voyais pour la première fois, et qu'elle nous ait suivis des yeux tous les deux, jusqu'au bas de la falaise. Cette action vous a surprise vous-même puisque vous avez murmuré : « C'est étrange ! » Je vous ai entendue.

Fernande ne répondit pas. Elle restait dans un silence un peu inquiet.

André attendait.

Voyant cela, M. Jean prit la parole :

— Mais c'est fort simple, dit-il en répétant l'expression de Mlle de Gaël, quand Mme Hamelin a vu Fernande au bras d'André, elle s'est rappelé le temps où elle était heureuse et elle vous a pris pour des fiancés. Voilà ce que je pense, moi ! ajouta-t-il tranquillement sans paraître s'apercevoir de l'embarras qu'il venait de causer à sa cousine et à son frère.

Sans répondre, sans même avoir eu l'air de comprendre l'explication de M. Jean, les jeunes gens s'étaient levés et reprenaient, silencieux et gênés, leur route vers les Chênes.

M. Jean les suivait en les regardant. Un petit sourire malicieux éclairait sa figure.

C'est que M. Jean ne s'était pas trompé : il avait découvert la pensée de Mme Hamelin.

CHAPITRE XIV

MARÉE HAUTE ET MARÉE BASSE

> Elle déborde d'elle-même, elle monte, et, vers les astres amis, deux fois par jour gonfle son sein, leur adresse au moins un soupir.
>
> J. Michelet.

La jolie plage de Paramé était déjà pleine de monde quand M. de Gaël et M. Jean y arrivèrent dans une belle matinée de soleil.

Ils avaient fait la route à pied, des Chênes à Paramé, où M. Jean voulait prendre son bain.

Baigneurs et baigneuses étaient descendus des superbes châteaux et des élégants chalets qui bordent la grande grève.

Les enfants jouaient dans le sable, construisant de petits îlots, entourés de remblais fragiles, où la vague rampante et festonnante allait s'introduire tout à l'heure, à la grande joie des petits ingénieurs, qui se sauveraient avec des cris d'effroi très gais.

M. Jean regardait cette plage qui s'étendait vaste et à sec devant ses yeux :

— Mais, dit-il à son oncle, où est donc la mer?

— Là-bas, tu la vois bien.

— Je la vois, là-bas, oui; mais pourquoi est-elle si loin? Va-t-il falloir que j'aille la chercher là-bas pour y prendre mon bain?

— Non, elle viendra bien toute seule, répondit en souriant M. de Gaël. Elle monte en ce moment et bientôt nous aurons marée haute.

M. Jean garda un instant le silence, puis il dit :

— Pourquoi donc la mer monte-t-elle comme ça? Et pourquoi descend-elle?

— Pourquoi y a-t-il marée haute et marée basse? Parce qu'il y a... la lune.

— La lune!... C'est la lune qui fait monter et descendre la mer?

— Oui.

— Pourquoi?

— Voici pourquoi : tous les astres s'attirent suivant la grande loi nommée l'attraction universelle. Le soleil attire la terre, il la retient et la force à tourner autour de lui. Aussi la terre attire la lune et la force à tourner autour d'elle. Mais, de même que l'aimant attire le fer, le fer attire l'aimant; et si la terre attire la lune, la lune de son côté tâche d'attirer la terre à elle.

L'attraction de la lune sera plus faible puisque cet astre est

quarante-neuf fois plus petit que la terre, mais néanmoins elle se fera sentir.

La lune essaye donc d'attirer la terre à elle; mais la terre est lourde et massive; les différentes parties qui la composent sont serrées les unes contre les autres et résistent à l'attraction.

Cependant, à la surface de la terre il y a l'eau, il y a la mer qui couvre les deux tiers du globe.

Or une chose liquide oppose moins de résistance qu'une chose solide.

Et si la terre, à cause de la cohésion de ses molécules, reste insensible à l'invitation que lui fait la lune, la mer, dont les molécules mobiles glissent les unes sur les autres avec facilité, ne pourra s'y soustraire.

Chaque fois que la lune passera au-dessus d'une certaine partie de la mer, elle l'attirera et la mer se soulèvera, essayant de monter...

— Jusqu'à la lune? fit M. Jean.

— Comme tu le dis, essayant de monter jusqu'à la lune.

Heureusement le pouvoir de la lune n'est pas assez grand pour attirer la mer jusqu'à elle. Il ne parvient qu'à l'attirer de quelques mètres.

C'est à ce moment que la mer se soulève, se gonfle, sort de son lit et envahit les côtes et les plages.

C'est ce qu'on nomme la marée haute.

Puis quand la lune, continuant sa route, cesse de planer sur cette partie de mer dont je viens de parler, la mer en cet endroit n'étant plus attirée reprendra sa position première et regagnera son lit, abandonnant les côtes et les plages qu'elle avait été forcée de recouvrir.

— C'est alors la marée basse? dit M. Jean.

— Précisément, et comme la terre tournant sur elle-même en vingt-quatre heures présente successivement les différents points de son contour à la lune, il y aura sur chaque point de la mer deux marées hautes et deux marées basses dans le même temps, c'est-à-dire toutes les six heures.

— Ah! je ne comprends plus! dit M. Jean fort tranquillement.

— Que ne comprends-tu pas? dit M. de Gaël.

— Ceci : nous sommes à Paramé, or je crois que la lune ne s'y montre qu'une fois par vingt-quatre heures, comme partout d'ailleurs.

— En effet.

— Eh bien, je comprendrais qu'il y eût une marée haute quand la lune passe au-dessus de Paramé et une marée basse quand elle quitte Paramé. Mais puisqu'elle ne passe qu'une fois à Paramé en vingt-quatre heures, comment peut-il s'y produire deux marées hautes dans le même temps?

— Tu as raison, mon petit Jean, et c'est moi qui ai tort, dit bonnement M. de Gaël, je ne t'ai pas tout dit. Écoute : quand la lune passe au-dessus de la région où nous sommes en ce moment, elle attire la mer et il se produit une marée haute.

Mais en même temps il se produit aussi une marée haute à notre antipode... A propos, sais-tu ce que c'est qu'un antipode?

— Oui, c'est l'endroit qui se trouve juste sous nos pieds de l'autre côté du globe terrestre.

— Très bien. L'antipode de la côte de Bretagne où nous nous trouvons est la côte de la Nouvelle-Zélande dans l'océan Pacifique. Or, pendant qu'il y a marée haute ici, il y a également marée haute là-bas.

Pour le coup, M. Jean ne comprenait plus du tout.

Il réfléchit assez longuement et dit :

— Voyons, mon oncle : quand la lune attire la mer qui est ici, elle est plus loin de la mer qui est à l'opposé, là-bas, cachée sous nos pieds; elle ne peut donc pas l'attirer, au contraire!

— J'attendais ce « au contraire », dit en souriant M. de Gaël, car c'est lui qui va t'expliquer ce que tu cherches à comprendre.

La mer qui est là-bas, comme tu dis, étant plus éloignée de la lune, quand la lune est ici, est naturellement moins attirée par elle; alors cette mer-là se détache un peu du globe terrestre; elle tend, pour ainsi dire, à tomber dans l'espace; et, ce faisant, elle sort de son lit et se répand sur les côtes de la Nouvelle-Zélande.

Il y a donc là-bas marée haute en même temps qu'ici.

A ce moment-là, et sous ces deux influences, la masse des eaux qui entoure la terre est soulevée, est renflée de deux côtés et prend la forme d'un œuf.

Si l'influence de la lune s'est fait sentir sur nos côtes à quatre heures du matin, six heures après la mer se sera peu à peu retirée et nous aurons marée basse; il sera alors dix heures du matin. Pendant ce temps la lune marche et la terre tourne et, six heures après notre marée basse, la lune passera sur la Nouvelle-Zélande où elle produira une marée haute dont nous aurons le contre-coup, comme la Nouvelle-Zélande a eu le contre-coup de notre marée haute de quatre heures du matin; il sera alors quatre heures du soir; pendant six autres heures, la mer se retirera et nous aurons marée basse à dix heures du soir. Tu vois donc, mon cher Jean, qu'en vingt-quatre heures, comme j'ai eu l'honneur de te le dire, nous avons deux marées hautes et deux marées basses.

— Je comprends, dit M. Jean.

— Je dois ajouter, reprit M. de Gaël, que la lune n'est pas la seule cause des marées, il y a encore le soleil. Mais l'attraction de cet astre dans le phénomène des marées se fait moins sentir que celle de la lune en raison de son plus grand éloignement. Tu sais sans doute que si la lune n'est qu'à quatre-vingt-seize mille lieues de nous, le soleil en est à trente-sept millions de lieues. Cela explique son attraction plus faible sur les eaux de la mer.

Néanmoins, à certaines époques, quand la lune passe devant le soleil, les attractions des deux grands corps célestes s'ajoutent l'une à l'autre et la mer, attirée plus fortement, forme des marées plus fortes qu'on nomme marées de vives eaux; expression que le pêcheur traduit en disant que la mer est à vive eau.

Ces fortes marées ont lieu à la nouvelle lune, c'est-à-dire quand la lune se trouve juste entre le soleil et la terre; mais elles ont lieu aussi à la pleine lune.

A ce moment la lune est pourtant très éloignée du soleil, mais elle est juste à son opposé. La terre se trouve précisément entre le soleil et la lune et l'attraction se produit à la fois des deux côtés de la terre.

Pendant les autres phases de la lune, les attractions des deux astres se contrarient et les marées sont plus faibles.

— La mer est alors à morte eau, comme disent les pêcheurs, n'est-ce pas?

— En effet.

Pendant cette conversation de l'oncle et du neveu, la marée montante se produisait.

Et comme la mer commençait à couvrir la plage, M. Jean alla prendre son bain.

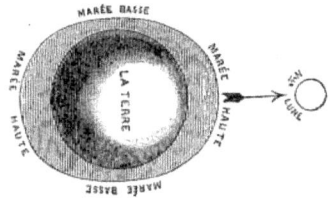

CHAPITRE XV

COURANTS DE MER ET COURANTS D'AIR

« La chaleur totale du Gulf-Stream suffirait, si elle était ramenée sur un seul point, pour fondre des montagnes de fer et faire couler un immense fleuve de métal.   E. RECLUS. »

M. Jean, en rentrant aux Chênes, raconta à Fernande et à André ce que son oncle lui avait appris sur l'agitation de l'Océan causée par les marées.

— C'est tout ce que t'a dit notre oncle? demanda André quand M. Jean eut fini de parler.

— Oui.

— Alors il ne t'a pas tout dit.

— Comment?

— L'agitation de l'Océan a encore d'autres causes.

— Lesquelles, donc?

— Les courants, d'abord.

— Les courants? Qu'est-ce que c'est que ça?

— Ce sont d'énormes quantités d'eau qui sont en mouvement au milieu même de la mer, d'immenses fleuves qui circulent à travers l'océan.

Le plus connu de ces courants, de ces fleuves de la mer, est le Gulf-Stream, ainsi nommé de deux mots anglais qui signifient courant du Golfe, parce qu'il prend naissance dans le golfe du Mexique. Les eaux du Gulf-Stream sont chaudes, remarque bien ce fait. Elles s'élancent du golfe du Mexique dans l'Océan avec une largeur de cinquante-neuf kilomètres et une profondeur de trois cent soixante-dix mètres. Tu supposes quelle colossale masse d'eau ces chiffres représentent.

Le Gulf-Stream longe l'Amérique du Nord jusqu'aux bancs de Terre-Neuve où il s'infléchit vers l'est.

Près des îles Açores, il se partage en deux branches : l'une va baigner de ses eaux chaudes les côtes de l'Espagne et de l'Afrique et entoure d'un circuit le grand espace rempli de varechs, dont je t'ai parlé...

— La mer des Sargasses! dit M. Jean, qui suivait sur la mappemonde, en compagnie de Fernande, les détails que lui donnait son frère.

— La mer des Sargasses, en effet.

— Alors il contourne l'Atlantide, dit M. Jean avec conviction.

— Ou, du moins, reprit André en souriant, la place où elle devait exister.

Quant à l'autre branche, elle s'élance vers le nord, traverse le golfe de Gascogne, vient heurter nos côtes de Bretagne, contourne la petite île de Jersey, qui n'est pas loin d'ici et à laquelle ses eaux chaudes donnent un printemps perpétuel, longe les rives de l'Irlande et du sud de l'Angleterre, baigne l'Islande à l'ouest et la Norvège à l'est et va se perdre, ayant distribué en chemin toute sa chaleur, dans les régions polaires.

— Alors le Gulf-Stream apporte de la chaleur partout où il passe? murmura M. Jean.

— Certainement, et sans lui, une partie de la France serait condamnée à des hivers aussi rigoureux que ceux du Labrador, ce pays des glaces.

— Mais d'où vient-elle, cette chaleur? demanda M. Jean.

— Et comment se forme-t-il, ce Gulf-Stream? ajouta Mlle de Gaël.

— Je crois pouvoir répondre à ces deux questions en même temps.

Si vous enlevez d'un bassin le contenu d'un verre d'eau, vous ne vous apercevrez pas de la perte que vous aurez fait subir au bassin. Cela, parce que l'eau cherche sans cesse l'horizontalité de surface et que les parties d'eau voisine sont venues immédiatement combler le vide que vous aviez fait; elles sont accourues, devrais-je dire, pour indiquer le sens du mot « courant ».

Que l'eau soit enlevée du bassin par votre verre ou qu'elle le soit par évaporation, le même fait se reproduira.

Or, c'est précisément ce qui se passe dans le gigantesque bassin qui s'appelle le golfe du Mexique.

Dans ce golfe des régions tropicales, la mer reçoit constamment les rayons d'un ardent soleil. Elle s'échauffe d'abord, puis, la chaleur continuant, l'évaporation s'opère.

De grandes quantités d'eau sont enlevées de l'Océan sous forme de vapeurs.

Qui va s'empresser de venir prendre leur place et de rendre à l'Océan sa surface horizontale?

— Les eaux voisines, s'empressa de dire M. Jean, se rappelant l'expression de son frère.

— Oui ; mais dans l'immense Océan, l'eau qui viendra prendre la place de l'eau évaporée au golfe du Mexique accourra des régions polaires, où il y a constamment excès d'eau formée par les neiges, les pluies et les glaces.

— Mais c'est de l'eau froide, celle-là! dit M. Jean.

— Oui, et comme l'eau froide est plus lourde que l'eau chaude, cette masse d'eau qui accourt du pôle suivra le fond de la mer, et, se précipitant dans le golfe du Mexique, soulèvera, chassera les eaux échauffées par le soleil qui s'en iront vers le pôle prendre la place des eaux glacées.

Il s'est donc établi un double courant : le courant froid qui vient du pôle se réchauffer dans les régions tropicales et le courant chaud qui s'en va vers le pôle, abandonnant sa chaleur tout de long de son parcours.

— Si j'ai bien compris, dit Fernande, qui avait écouté André avec attention, ce phénomène des courants marins est analogue à celui des courants d'air.

— Parfaitement.

— Les courants d'air, je connais ça ! dit M. Jean.

— Ah bah ! dit André ; qu'est-ce donc qu'un courant d'air, monsieur Jean ?

M. Jean répondit tranquillement :

— Un courant d'air, c'est ce qui vous enrhume.

— Voilà une réponse assez nette, mais fort peu scientifique ! dit André en riant avec Fernande.

— Eh bien, sois-le scientifique, je t'écouterai, dit M. Jean avec une gentillesse un peu vexée.

— Essayons ! Fernande disait à l'instant que les courants de mer étaient analogues aux courants d'air, et elle avait raison.

L'air chaud est plus léger que l'air froid, et, par conséquent, il tend à s'élever.

Dans une chambre bien calfeutrée ou bien chauffée, l'air qui y est contenu s'échauffe peu à peu ; une fenêtre s'entr'ouvre, l'air chaud s'empresse de profiter de l'occasion pour s'échapper et s'élever dans des régions plus hautes.

En partant ainsi, il forme un vide que l'air froid du dehors accourt remplir, et M. Jean, qui n'a pas eu soin de refermer la fenêtre, est enrhumé. Voilà un petit courant d'air.

Mais il en est de plus importants, comme tu vas le savoir.

Dans les régions de l'équateur, où la grande force des rayons du soleil se fait principalement sentir, l'air violemment échauffé monte et se déverse vers les pôles ; en s'élevant ainsi, il laisse un vide au-dessous de lui ; ce vide, c'est l'air glacial et dense des pôles qui accourt le remplir, formant deux courants inférieurs.

Ces deux courants se dirigent constamment vers l'équateur, et l'uniformité de leur direction les a fait surnommer vents alizés, d'un mot provençal qui signifie uniformes.

As-tu compris, monsieur Jean, ce que c'est qu'un courant d'air ?

M. Jean fit signe que l'explication lui paraissait satisfaisante.

Et comme Fernande allait s'éloigner, André lui dit :

— Pardon, ma chère cousine, n'avez-vous pas l'intention d'aller prochainement à Cancale ?

— En effet.

— Eh bien, voudriez-vous nous laisser, M. Jean et moi, vous accompagner. Je voudrais montrer Cancale et ses parcs à M. Jean.

— Assurément ; mais il est préférable d'attendre l'époque de la pêche ; les pêcheurs font leurs préparatifs en ce moment ; nous verrons alors quelque chose d'intéressant. Je crois d'ailleurs que mon père a pour l'instant certain projet qui ne déplaira pas à M. Jean.

— Quel projet ? s'écria aussitôt M. Jean.

— Oh ! je ne puis le dire, c'est le secret de ton oncle ! répliqua Mlle de Gaël.

CHAPITRE XVI

LE PROJET DE M. DE GAËL

Quel était le projet que M. de Gaël pouvait avoir en tête ?

Voilà ce que M. Jean tenait à savoir le plus tôt possible.

Le soir, après le dîner, quand toute la famille fut réunie, M. Jean, voyant que son oncle ne parlait nullement de dévoiler son secret, se décida à l'interroger bravement.

Il alla auprès de lui, et, l'embrassant, il dit :

— Je n'ai donc pas été sage que tu me caches quelque chose ?

— Mais je ne te cache rien, mon cher enfant ! répondit M. de Gaël, d'abord un peu surpris.

— Si, puisqu'il y a un projet...

— Quel projet donc ?

A ce moment, Fernande fit un signe à son père, qui comprit qu'elle avait parlé ; mais, s'amusant de la curiosité de M. Jean, il continua de paraître étonné.

— Oh ! un projet.., reprit M. Jean, tu sais bien ce que je veux dire !

— Mais non, je t'assure...

— Puisque Fernande me l'a dit !

— Alors, si Fernande te l'a dit, tu dois le savoir et tu n'as pas besoin de me le demander !

— Oh ! mon oncle, comme tu es méchant ! répliqua M. Jean avec une petite moue gentille. Tu devines bien ce que je demande et tu ne veux pas répondre !

— Allons ! dit en souriant M. de Gaël, je ne veux pas te faire languir plus longtemps. Mais avant que je t'apprenne le projet en question, et pour que je sois sûr que sa réalisation te plaira, il faut que je sache si le dédain manifesté par toi à la première vue de la mer a un peu diminué ?

— Oh ! oui, dit vivement M. Jean.

— Tu n'appelles plus la mer « ça » ? ajouta Mlle Fernande, se souvenant de cette désignation qu'elle avait trouvée si méprisante pour ce pauvre Océan.

— Non, fit M. Jean avec douceur.

— Alors tu commences à découvrir que « ça » vaut la peine d'être vu? reprit M. de Gaël.

— Oui.

— Et voudrais-tu voir la mer encore mieux que tu ne l'as vue jusqu'à présent?

Ce fut au tour de M. Jean à être surpris.

— Comment faire, dit-il, pour la voir mieux?

— En allant dessus! dit familièrement M. de Gaël.

— En allant dessus... en bateau? s'écria M. Jean.

— Assurément, pas à pied!

— Alors, une petite promenade dans un petit bateau? demanda M. Jean avec une certaine désillusion.

— Non, je te propose une assez grande promenade dans un assez grand bateau, c'est-à-dire de faire la traversée, en steamer, d'ici à Jersey. Veux-tu?

— Ah! je crois bien que je veux! s'écria M. Jean, les yeux brillants de joie à la perspective de ce voyage qu'il considérait déjà dans son imagination comme devant être extraordinaire.

Il y eut un silence.

Puis, M. Jean aperçut sa mère qui le regardait.

Il courut à elle, l'embrassa fort et murmura :

— Oh! maman, je suis bien content!

Puis, il lui vint une réflexion.

— Tu viens avec nous, petite mère, n'est-ce pas? dit-il rapidement, sans ça...

— Eh bien, sans ça? demanda doucement Mme Fernay.

— Sans ça, je n'irais pas! répondit tout bas M. Jean, se pressant contre sa mère et semblant lui demander ainsi sa tendre protection.

— Nous partons tous ensemble, répondit M. de Gaël, qui avait plutôt deviné qu'entendu la réponse de son petit neveu.

— D'ailleurs, rassure-toi, ajouta-t-il en riant; il est probable que nous ne ferons pas naufrage, nous n'avons à redouter dans cette traversée ni tempêtes, ni cyclones, ni ras de marée.

— Tant mieux! s'écria M. Jean.

Il avait jeté cette exclamation sans réfléchir; mais la réflexion arriva bien vite.

— Qu'est-ce que c'est encore que ça, les cyclones et les ras de marée? murmura-t-il.

— Ton frère ne t'en a donc pas parlé?

— Il ne m'a parlé que des courants de mer.

— Et des courants d'air, s'empressa d'ajouter gracieusement Fernande.

— Il t'a parlé des courants d'air; cela suffira pour te faire comprendre ce que c'est qu'un cyclone.

Donc, tu sais comment se produisent les courants d'air?

— Oui.

— Eh bien, dans toutes les régions de l'atmosphère où un point se trouve plus échauffé qu'un autre par les rayons du soleil, il se forme un courant d'air.

Or quand deux courants d'air venant violemment en sens contraire se rencontrent, ils se heurtent, se froissent et se mettent à tourner sur eux-mêmes en rond, ou mieux en cercle, car le mot cyclone signifie cercle en grec.

Tu as vu quelquefois sur les chemins de petits tourbillons de vent rendus visibles par la poussière qu'ils soulèvent?

— Oui, je me rappelle...

— Eh bien, tu as vu là des cyclones en miniature.

Les cyclones ont une violence et une rapidité terribles et causent d'effrayants ravages. Au milieu de cet immense cercle d'air, qui court en tournant sur lui-même au-dessus de l'Océan, l'eau se trouve souvent enlevée et entraînée.

Les navires surpris par des cyclones sont emportés dans un épouvantable tourbillonnement, submergés ou brisés contre les rochers.

Un cyclone qui vint s'abattre sur les Antilles, le 10 octobre 1780, engloutit tous les navires qui étaient en rade, renversa les maisons, les monuments, et fit périr ainsi des milliers de personnes.

Ce cyclone surprit devant la Martinique un convoi de cinquante bâtiments de commerce, escorté par deux frégates et portant cinq mille hommes. Sept navires seulement échappèrent au désastre; le reste fut englouti. A Saint-Eustache vingt-sept navires vinrent s'écraser contre les falaises. A Saint-Pierre, pas une maison ne resta debout; d'un seul coup, la mer furieuse balaya cent cinquante habitations. A Sainte-Lucie, il périt six mille personnes; les plus solides édifices furent renversés et les canons des forts furent arrachés de leurs embrasures.

Le caractère essentiel des cyclones, c'est sa vitesse qu'on a comparée à celle d'une locomotive lancée à toute vapeur.

M. Jean restait pensif.

Il ne trouvait assurément pas très engageant le tableau que lui traçait son oncle.

Enfin, il dit :

— Et les ras de marée? Qu'est-ce que c'est?

— Les ras de marée sont un phénomène plus terrible peut-être que celui des cyclones, car rien ne peut en faire prévoir la venue.

A l'approche d'un cyclone, une voûte de nuages obscurcit le ciel. La pluie se précipite en torrents et l'on entend des bruits sourds et lointains qui annoncent la grande perturbation atmosphérique.

Dans le phénomène du ras de marée, rien de semblable.

La mer est calme au large. Nulle brise ne trouble sa surface. Aussi loin que s'étend la vue, elle paraît unie et sans nulle agitation.

Soudain, au bord du rivage, se forme une vague monstrueuse qui vient inonder le pays, soulève les navires en rade et les jette contre les falaises.

Les côtes de la Hollande et du Danemark ont été souvent détruites par des ras de marée. C'est un gigantesque ras de marée qui a formé, au xiii° siècle, le golfe du Zuyderzée. Au cap de la Hève, une masse de terre de trois cent mille mètres cubes a été enlevée par la même cause.

Au siècle dernier, un ras de marée de quinze mètres de haut vint inonder la ville de Lisbonne en même temps qu'un tremblement de terre renversait les maisons.

Vers la même époque, le port de Callao, sur la côte du Pérou, fut englouti sous les ondes d'un ras de marée.

Le ras de marée, c'est une marée soudaine, imprévue et rapide, comme son nom l'indique : ras ou raz, en hollandais, signifiant rapide.

— Mais quelle est donc la cause de ce terrible phénomène ? dit Mlle de Gaël en s'adressant à André.

— Je ne sais pas, répondit André avec une modestie souriante.

— Comment, vous, vous ne savez pas ?... s'écria, très étonnée, Fernande qui commençait peu à peu à prendre une certaine estime pour le savoir de son cousin.

M. de Gaël remarqua avec plaisir l'étonnement de sa fille, et il lui dit :

— Ne sois point trop surprise de ce que notre ami André ignore la cause du phénomène qui t'intéresse, car personne ne la connaît encore.

— A la bonne heure ! ne put s'empêcher de murmurer Mlle de Gaël.

Ce « à la bonne heure » était un petit compliment qu'elle donnait involontairement à son cousin.

— On ne la connaît pas encore, répéta M. de Gaël, prenant bonne note de l'exclamation de Fernande et après avoir échangé avec Mme Fernay un regard d'espérance, on suppose seulement que cette cause doit être attribuée à une perturbation atmosphérique, comme pour les tempêtes, les tourbillons et les cyclones, mais que cette perturbation est trop éloignée pour qu'on puisse l'observer. Ce trouble produit au loin aurait assez de force pour se communiquer par un mouvement ondulatoire sous-marin jusqu'à la rencontre d'un obstacle. Ici, l'obstacle est le rivage contre lequel le flot vient se heurter.

— C'est égal, dit M. Jean, je suis bien content d'aller à

Jersey, mais je suis bien content aussi qu'il ne se trouve par là ni cyclones ni ras de marée !

— Oh ! monsieur Jean, vous avez peur ! dit Fernande avec un sourire.

— Dame !

— Vous ne voulez donc pas être marin, vous ?

Et sans qu'on s'attendît à sa réponse, M. Jean, qui avait repris son petit air tranquille, regarda Mlle de Gaël d'une façon singulière et prononça seulement ces deux mots :

— Qui sait ?

CHAPITRE XVII

A SAINT-MALO

Les préparatifs pour le voyage projeté par M. de Gaël furent bientôt faits.

Toute la famille partit un matin pour Saint-Malo où il fallait prendre le steamer de Jersey.

Mais M. de Gaël avait l'intention de passer une journée à Saint-Malo.

Il voulait montrer à M. Jean la vieille cité bretonne.

On fit le tour des remparts, on parcourut les étroites rues Saint-François, Robert-Surcouf, Trublet, du Pélicot avec leurs antiques maisons de bois couvertes de briques qui semblent être de larges écailles de poisson; leurs portes avec des dates : 1646, 1675, gravées dans la pierre; leurs fenêtres avec des vitraux de mosaïque. On traversa la rue de la Houssaye où les cours des maisons communiquent, formant une rue intérieure, et on se dirigea vers la place Chateaubriand.

Au moment de déboucher sur cette place, M. Jean, arrêtant son oncle, lui fit lever les yeux sur l'enseigne d'une petite rue très courte et resserrée.

— Le drôle de nom! dit-il.

Et il lut sur l'enseigne :

« Venelle aux chiens ».

Puis, il demanda :

— Qu'est-ce que ça veut dire : « Venelle »?

— Cela signifie petite rue.

— Alors « Venelle aux chiens » veut dire : petite rue aux chiens?

— Oui.

— On fait donc des rues pour les chiens à Saint-Malo?

— Du moins, on en faisait.

— Quel honneur pour les chiens!

— C'était, en tout cas, un honneur bien mérité, car les chiens rendaient alors aux Malouins, c'est-à-dire aux habitants de Saint-Malo, de grands services.

— Quels services, donc? dit M. Jean.
— Les Malouins avaient imaginé autrefois de faire garder

pendant la nuit leur ville, leur port et leurs vaisseaux par des chiens.

Dans la journée cette garnison canine était enfermée dans une caserne qui, sans doute, ne devait pas être loin de cette petite rue puisqu'elle en a conservé le souvenir.

Le soir venu, on donnait la liberté à ces gardiens à quatre pattes dont le zèle et la vigilance étaient à l'épreuve.

— Alors ces chiens protégeaient la ville contre les voleurs?

— Oui, mais ils n'avaient pas toujours le flair nécessaire pour distinguer le voleur d'un honnête homme.

Ainsi, en 1770, un officier de marine ayant débarqué de nuit à Saint-Malo fut attaqué par les chiens et à demi dévoré.

A partir de cette époque on jugea prudent de se priver de ces gardiens véritablement trop zélés.

— Je crois bien! ajouta M. Jean avec conviction.

On était arrivé sur la place Chateaubriand.

— Tu vois cette tour? dit Fernande en désignant une des tours du château fort, qui dominait la mer.

— Oui.

— C'est la tour de Quiquengrogne.

— Quiquengrogne! répéta M. Jean, étonné.

Puis il ajouta :

— Pourquoi Quiquengrogne?

— Voici pourquoi : la reine Anne de Bretagne, qui, au xvi° siècle, était souveraine de Saint-Malo, eut l'idée de faire ajouter cette tour au château fort qui défendait la ville.

L'évêque de Saint-Malo s'opposa à ce projet.

La reine Anne, pour montrer qu'elle était toute-puissante, n'en fit pas moins élever la tour et, par son ordre, on grava sur l'une des pierres du milieu ces mots significatifs : « Qui qu'en grogne,

ainsi sera, c'est mon plaisir. » De là, le nom de Quiquengrogne resté à la tour.

— C'est vrai? dit M. Jean.

— Mais oui, répondit M. de Gaël; si cette inscription n'était pas très polie, elle était énergique, et tu peux voir la place où elle se trouvait; le temps a effacé les caractères, mais le cadre de pierre apparaît encore.

De la plage, derrière la fameuse tour de Quiquengrogne, M. Jean regardait les nombreux rochers qui hérissent la côte.

— Qu'y a-t-il donc sur ce rocher là-bas? demanda-t-il soudain.

Et il indiquait une croix de granit entourée d'une grille de fer.

— Ce rocher, dit M. de Gaël, c'est le Grand-Bey et ce que tu y remarques, c'est le tombeau de Chateaubriand.

— Que signifie donc le mot Bey? demanda André en s'adressant à son oncle.

— Il signifie Tombe en langage breton. Le Grand-Bey, c'est donc la Grande-Tombe, et c'est peut-être ce nom qui a donné à Chateaubriand l'idée d'y faire creuser la sienne.

Les Malouins en obéissant à la dernière volonté de l'auteur d'*Atala*, de *René*, des *Natchez*, ont honoré la mémoire d'un de leurs compatriotes, car Chateaubriand est né auprès de Saint-Malo.

— Est-ce qu'on peut y aller, là-bas, au Grand-Bey? demanda M. Jean.

— On peut même y aller à pied sec lorsque la mer est basse, répondit M. de Gaël à M. Jean; mais maintenant je veux te montrer la maison où est né un autre enfant de Saint-Malo : Duguay-Trouin.

M. Jean avait entendu prononcer déjà ce nom célèbre; il

savait que c'était un marin, mais son savoir n'allait pas plus loin.

Ce fut André qui vint en aide à son petit frère.

— Sais-tu ce que c'était qu'un corsaire? dit-il.

M. Jean ne répondit pas.

— Tu n'en sais rien, reprit André; je vais donc te l'apprendre. Un corsaire était un bâtiment armé en guerre, appartenant à des particuliers, mais autorisé par l'État à courir sus aux bâtiments ennemis. C'est de cette *course* à l'ennemi qu'est venu le mot *corsaire* qui s'est appliqué aussi bien au bâtiment qu'à son capitaine.

Or Duguay-Trouin débuta par le métier de corsaire.

A vingt ans, il était déjà capitaine du corsaire la *Diligente* quand il rencontra une escadre anglaise de six vaisseaux de guerre. Se voyant perdu, il résolut de vendre chèrement sa vie.

Pendant douze heures il soutint le combat contre les six vaisseaux.

Enfin, prêt à couler bas, blessé par un boulet, il fut fait prisonnier et emmené en Angleterre d'où il parvint à s'échapper.

Il reprit la mer et, avec trois bâtiments cette fois, alla attaquer la flotte hollandaise. Il prit trois vaisseaux de guerre et douze ou quinze bâtiments marchands.

Cette prise fit admettre le vaillant corsaire dans la marine royale avec le titre de capitaine de frégate.

A partir de ce moment, il alla de victoire en victoire et, quand il fut nommé capitaine de vaisseau, il avait à peine trente-deux ans.

Enfin, en 1711, comme on était en guerre avec le Portugal, Duguay-Trouin eut cette inspiration d'aller frapper le Portugal dans sa plus riche colonie qui était le Brésil.

Après une longue traversée, avec sept vaisseaux et huit frégates, Duguay-Trouin arriva devant Rio-Janeiro ; il força l'entrée de la baie sous le feu des batteries portugaises, fit débarquer ses troupes, entra dans la ville, s'y fortifia et força le Portugal à lui racheter Rio-Janeiro !

Cette étonnante expédition couronna glorieusement les exploits de l'héroïque marin.

— Maintenant que tu connais l'histoire de Duguay-Trouin, tu verras la vieille maison où il est né et où il a vécu avec un plus grand intérêt, n'est-ce pas, monsieur Jean? demanda M. de Gaël.

— Oui, murmura M. Jean, devenu très sérieux.

— Et moi aussi ! ajouta Fernande sur qui le récit enthousiaste d'André avait fait une vive impression.

On remonta jusqu'à la rue de Châtillon et bientôt on fut devant une des plus antiques maisons de Saint-Malo.

Tout en bois, avec des restes de sculpture, des débris de vieux vitraux, des tons oubliés de peinture, un toit s'avançant, se penchant sur la rue, elle avait l'air de s'affaisser sous le poids des années, la pauvre et illustre maison !

Au-dessus des larges fenêtres du premier étage, on voyait cette pancarte : « Ici est né Duguay-Trouin. »

Au rez-de-chaussée le vaste magasin aux cordages, aux voiles, aux ancres, aux accessoires de toutes sortes; puis, un escalier tortueux et noir et, au premier étage, la chambre où était né celui qu'on surnommait « la terreur des Anglais »; en haut de la fenêtre, un coin de peinture sur un vitrail, les armes, à demi effacées, de Duguay-Trouin; enfin, dans la petite cour étroite, un rocher encastré entre la vieille maison et les maisons neuves voisines, un rocher sur lequel végétaient quelques fleurs, comme exilées du soleil et de l'air, voilà ce qui restait de la maison de Duguay-Trouin!

CHAPITRE XVIII

LES NAVIRES, LA NAVIGATION ET LA BOUSSOLE

Le magnétisme, force mystérieuse qui fait vibrer ses ondulations invisibles des pôles à l'équateur, a transformé la terre en un aimant gigantesque.   É. RECLUS.

Le lendemain matin, comme M. Jean se promenait sur le port de Saint-Malo entre son oncle et son frère, il aperçut un bâtiment qu'il n'avait pas remarqué la veille.

— Quel est ce navire-là? demanda-t-il à M. de Gaël.

— C'est précisément, répondit M. de Gaël, le steamer l'*Alliance* sur lequel nous nous embarquerons pour Jersey ce soir à trois heures et demie.

— Steamer, ça veut dire bateau probablement? reprit M. Jean.

— C'est un mot anglais qui signifie bateau à vapeur; *steam* en anglais signifiant vapeur.

— Bon! dit M. Jean, mais puisque le steamer est au port, pourquoi ne part-il pas tout de suite?

— Regarde!

Et M. de Gaël fit approcher M. Jean et lui montra que le port était presque à sec.

On était à marée basse.

— Comment veux-tu qu'il parte? Il n'a pas d'eau pour naviguer.

— De quelle manière est-il donc venu jusqu'ici?

— Il est entré cette nuit à marée haute, de même qu'il s'en ira ce soir à marée haute. Un navire ne peut pas marcher sans eau, de même qu'un poisson ne saurait se mouvoir sur terre.

— Encore le poisson a-t-il des nageoires, tandis que le steamer n'en a pas.

— Oh! il a quelque chose qui le remplace.

— Quoi donc?

— Ses roues qui, mises en mouvement par la vapeur, font l'office de rames ou d'avirons multiples et lui permettent de fournir sa marche.

Ces roues sont remplacées dans beaucoup de navires par un

appareil propulseur nommé hélice et qui se place à l'arrière du navire.

Les hélices, comme les roues, impriment le mouvement aux navires par la pression que leurs surfaces exercent sur l'eau.

On était arrivé devant le steamer.

M. Jean contemplait le bâtiment avec un certain respect.

— Comme c'est grand, dit-il, et comme tous ces bateaux de pêche paraissent petits à son côté !

— Il y a des navires bien plus grands encore. Que dirais-tu si tu voyais un vaisseau de guerre ou un des paquebots qui font le service des Indes ! Ce sont de véritables et d'énormes maisons. Ce steamer semblerait être leur enfant.

— Ça ne fait rien, dit M. Jean ; je le trouve déjà assez grand.

Et il pensait à ces petits bateaux qu'il faisait voguer sur le bassin des Tuileries et qui lui semblaient maintenant des joujoux tout à fait indignes de lui.

— Qu'y avait-il avant les bateaux à vapeur ? reprit M. Jean.

— Les bateaux à voiles.

— Et avant ?

— Les bateaux à rames.

— Et avant ?

— Oh ! tu en demandes bien long !

— Dis toujours !

— Eh bien, il y avait les troncs d'arbres.

M. Jean s'arrêta dans ses interrogations. Il ne comprenait plus ce que voulait dire son oncle.

— Les troncs d'arbres? murmura-t-il. On naviguait donc sur des troncs d'arbres?

— Oui, mais il y a bien, bien longtemps! Les premiers hommes remarquèrent que le bois, étant plus léger que l'eau, surnageait.

Ils lièrent ensemble plusieurs pièces de bois qu'ils poussèrent à la mer; ils montèrent sur ce plancher flottant qui fut le premier radeau.

Un jour, ils aperçurent des troncs d'arbres qui flottaient sur l'eau.

La foudre ou la vétusté avait creusé ces arbres.

Un homme plus audacieux que les autres imagina de s'étendre dans le creux d'un de ces arbres, et il se vit aller au fil de l'eau sans crainte d'être mouillé.

C'était le premier bateau.

Il étendit ses bras en dehors du tronc d'arbre, laissa traîner ses mains dans l'eau et vit que la résistance qu'elles opposaient à la course du bateau donnait à celui-ci des mouvements particuliers. Cet audacieux avait du même coup inventé le canot et les rames.

— C'est comme ça que ça s'est fait? dit M. Jean.

— C'est, du moins, fort probable! répliqua M. de Gaël.

— Et pour arriver du tronc d'arbre au bateau à vapeur, que de temps il a fallu! dit André.

— Il a fallu du temps, mais aussi du raisonnement et de l'intelligence, reprit M. de Gaël.

N'a-t-il point été nécessaire que ces navigateurs fissent un effort d'intelligence pour comprendre que les rames remplaceraient leurs mains et que des voiles, faisant obstacle au vent, leur permettraient ensuite de se priver des rames?

Et pour en arriver à la connaissance des courants de mer aussi bien que des courants d'air qui peuvent transporter un bateau d'un point à un autre du globe, que de travail et que de science acquise et transmise d'âge en âge!

— En effet! dit André.

— Mais comment les premiers navigateurs, demanda M. Jean, pouvaient-ils reconnaître leur route au milieu de la mer?

— L'observation du soleil et des étoiles fut un des moyens primitivement employés.

Un autre moyen était également usité.

On le retrouve par exemple.chez les navigateurs des mers du Nord, qui avaient coutume d'embarquer avec eux des oiseaux et principalement des corbeaux.

Lorsque le bateau était en pleine mer on laissait les oiseaux s'envoler.

S'ils revenaient chercher refuge au bateau, on présumait qu'ils n'avaient aperçu aucune terre.

Si, au contraire, ils s'éloignaient du bateau, c'est qu'ils avaient vu la côte et qu'ils volaient vers elle.

On n'avait plus alors qu'à suivre ces indicateurs aériens et on rencontrait bientôt la terre.

— C'était un moyen bien hasardeux! murmura M. Jean.

— Ah! dame, ces marins-là ne connaissaient pas encore la boussole qui permet aujourd'hui de se diriger sûrement en mer.

— La boussole? oui, j'en ai vu, des boussoles, dit M. Jean; mais je ne sais pas trop à quoi ça sert. D'abord, boussole, qu'est-ce que cela signifie?

— Tout bonnement: petite boîte. C'est, en effet, une boîte contenant une lame d'acier aimanté, qu'on appelle aiguille. Cette aiguille est mobile en son centre sur un pivot et peut tourner horizontalement sur elle-même.

Cette aiguille, obéissant à l'influence du magnétisme terrestre, dirige constamment ses deux extrémités vers les deux pôles de la terre, le pôle sud et le pôle nord.

LES NAVIRES, LA NAVIGATION ET LA BOUSSOLE. 157

Cette propriété remarquable se reproduit partout, aussi bien sur mer que sur terre, au sommet des plus hautes montagnes comme dans les mines les plus profondes.

Partout l'aiguille aimantée prend une direction fixe à laquelle elle revient quand on l'en écarte.

Tu comprends maintenant, monsieur Jean, que les navigateurs, sachant constamment où se trouvent le nord et le sud, et par suite l'est et l'ouest, parviennent à se diriger.

— Oui, mais pourquoi l'aiguille qu'on a aimantée a-t-elle cette propriété de montrer le nord et le sud?

— Elle l'a parce qu'elle l'a; je ne puis te faire d'autre réponse[1].

La seule façon d'expliquer ce phénomène, c'est de considérer la terre comme un gros aimant dont les pôles sont situés aux pôles terrestres.

Les pôles de la terre agissent donc sur l'aiguille comme les deux pôles d'un aimant.

On ne sait pas qui a inventé la boussole et on ne connaît pas exactement l'époque où l'on commença à s'en servir. Aussi les navigateurs de l'antiquité s'écartaient-ils rarement des côtes, qu'ils fussent sur des bateaux à voiles ou sur des galères.

— Des galères? dit M. Jean dans une interrogation que comprit son oncle.

— Les galères étaient les vaisseaux de guerre des anciens; ils furent aussi les nôtres jusqu'au XVIIe siècle.

Les galères étaient armées à l'avant d'un éperon de fer qui devait éventrer les vaisseaux ennemis.

L'usage des armes à feu le fit supprimer.

Les rames des galères étaient nombreuses, lourdes et longues.

Il fallait cinq hommes pour manier une rame.

— Ces hommes, c'étaient des galériens? dit M. Jean.

— Oui, la peine des galères était devenue le châtiment des criminels que l'on condamnait à ramer sur les galères de l'État, peine si terrible que beaucoup de condamnés préféraient se donner la mort ou se mutiler plutôt que la subir.

---

1. Voir *les Parce que de Mademoiselle Suzanne*.

— Cette tâche de ramer sur les galères, ajouta André, était, en effet, si pénible que les petites nations qui manquaient de rameurs essayaient d'enrôler des hommes libres.

Ceux-ci, pour éviter la corvée, se mutilaient ou se faisaient venir des plaies aux bras ou aux jambes.

Cette coutume s'était tellement répandue qu'on raconte l'expédient suivant dont usa un roi de Sicile pour se procurer les rameurs qui lui étaient nécessaires.

Il institua des jeux publics et fit publier que tous les Siciliens qui pourraient sauter de tel endroit à tel autre gagneraient un écu d'or.

Alléchés par l'appât du gain, la plupart des Siciliens oublièrent leurs plaies plus ou moins volontaires et leurs mutilations plus ou moins sérieuses, et se présentèrent pour sauter.

Le roi, les voyant réunis, les fit emmener par ses soldats, déclarant que puisqu'ils pouvaient sauter ils pouvaient bien ramer.

— C'est drôle, dit M. Jean; mais était-ce bien honnête?

— Oh! dans ce temps-là, on n'était pas très scrupuleux sur le choix des moyens.

A ce moment, le capitaine de l'*Alliance* parut sur le pont.

M. de Gaël lui demanda l'autorisation de visiter le steamer, autorisation qui fut immédiatement accordée.

Et l'oncle put expliquer à son petit neveu comment un navire était construit.

Il lui dit qu'un navire avait quelque ressemblance, dans sa construction, avec le corps humain : la quille étant l'épine dorsale du vaisseau à laquelle viennent se relier une série de côtes qui forment la coque. Il le fit passer de la poupe à la proue, c'est-à-dire de l'arrière du steamer à l'avant, en suivant le côté droit nommé tribord et revenant par le côté gauche appelé bâbord.

On quitta le pont, plancher supérieur du bateau, pour descendre dans la cale, transformée en salon ou en salle à manger à

l'usage des passagers, et meublée de petites couchettes éclairées par les sabords, ces fenêtres rondes aux armatures de cuivre qui ferment hermétiquement. Après avoir examiné la puissante machine à vapeur aux énormes pièces d'acier polies et luisantes, on remonta sur la passerelle qui sépare l'avant de l'arrière et où le capitaine règne en maître absolu.

M. Jean était fort surpris de ce qu'il voyait. Cette maison flottante lui paraissait un asile très sûr et il ne comprenait pas que de pareils bâtiments pussent faire naufrage.

LES NAVIRES, LA NAVIGATION ET LA BOUSSOLE.

Il se hasarda à dire à son oncle.

— Est-ce qu'on est remué là-dessus quand ça marche?

— Que veux-tu dire?

— Enfin, ressent-on le mouvement des vagues en pleine mer?

— Ah! tu veux savoir si on éprouve du tangage et du roulis, eh bien...

— Eh bien? fit M. Jean.

— Eh bien, patiente un peu et dans quelques heures tu le sauras! répondit en souriant M. de Gaël.

CHAPITRE XIX

EN MER

> Si désastreux que soit encore l'océan, l'homme ne peut plus en avoir peur. Il en a pris possession par son audace; il veut le subjuguer par son intelligence. Avec la quille de son navire, il le sillonne comme le laboureur sillonne son champ avec le soc de sa charrue.
>
> X. MARMIER.

A trois heures trente minutes, sur un ordre du capitaine, les cordages qui retenaient le steamer l'*Alliance* au port de Saint-Malo furent détachés. La vapeur mit les larges roues en mouvement et le bateau s'ébranla lentement, comme avec hésitation.

Des gens, sur le quai, saluaient ceux qui partaient et ceux-là répondaient, le sourire aux lèvres; mais dans leurs yeux on devinait cette légère inquiétude involontaire qui accompagne toujours le départ.

L'*Alliance* quitta le port, passa bien haut au-dessus des rails du chemin de fer roulant qui dessert Saint-Servan, arriva dans la rade et entra dans les eaux de l'embouchure de la Rance, laissant à gauche Dinard et à droite Saint-Malo.

M. Jean restait silencieux et attentif, assis à l'arrière du steamer, entre sa mère et Fernande, auprès de M. de Gaël et d'André.

La mer était calme.

Le soleil semblait la caresser de ses rayons.

M. Jean regarda son oncle et se hasarda à dire :

— Mais on n'est pas du tout secoué ! On se croirait dans un bateau-mouche sur la Seine. On ne sent pas le mouvement dont tu parlais ce matin, le...

Et il s'arrêta, craignant de mal dire.

— Le tangage, ajouta en souriant M. de Gaël.

— Oui, le tangage.

— Attends un peu, reprit André ; nous ne sommes pas encore sortis de la rade et nous sommes abrités par les côtes.

— Oui, tu verras dans un instant, quand nous serons en pleine mer, dit M. de Gaël.

M. Jean s'était levé.

Il regardait la vaste mer qui s'étendait au loin, et, prenant peu à peu confiance, il faisait quelques pas sur le pont, les mains dans les poches et supposant sans doute qu'il avait le pied marin.

Mais tout à coup, au moment où il allait, en marchant, poser son pied droit sur le plancher du navire, ce plancher parut se dérober.

M. Jean perdit l'équilibre et fut doucement projeté à droite sur M. de Gaël qui put le retenir.

— Oh! oh! murmura M. Jean, un peu confus, c'est le tangage, ça?

— Non, reprit M. de Gaël, ça, c'est le roulis.

— Quelle différence y a-t-il donc entre les deux?

— Le roulis se produit lorsque les vagues viennent prendre le bateau en travers. Regarde cette vague qui s'approche, elle vient frapper contre le flanc droit du steamer, maintenant elle passe dessous et tu vois qu'elle a fait osciller le bâtiment de droite à gauche. Le steamer semble rouler un peu sur lui-même; il a le roulis, un fort léger roulis, du reste.

— Et le tangage? dit M. Jean en se retenant assez fermement à la main de son oncle pour ne pas perdre de nouveau l'équilibre.

Ce fut l'océan qui se chargea de répondre. L'*Alliance* était cette fois en pleine mer.

Soudain l'avant du navire s'abaissa vers la surface de l'eau pendant que l'arrière se relevait. Puis, ce fut au tour de l'arrière à s'abaisser pendant que l'avant se redressait.

— Voilà le tangage demandé! dit Fernande.

— Qu'est-ce qui fait ça? demanda M. Jean avec un étonnement un peu inquiet.

— Ce qui fait ça, comme tu dis, répliqua M. de Gaël, ce sont les vagues qui enlèvent brusquement une extrémité du bateau et la laissent retomber ensuite à l'instant où l'autre extrémité est à son tour soulevée.

— Il n'y a pas de danger? murmura fort timidement M. Jean.

— Non, pas le moindre.

Rassuré, M. Jean se laissa aller à ce mouvement, qui le berçait et lui rappelait celui de la balançoire.

Il contemplait, et tous les passagers contemplaient comme lui, cette immense étendue d'eau où pas une voile ne se montrait. On avait perdu de vue les côtes de Bretagne, et les côtes de Normandie, sur la droite, ne se voyaient pas encore.

On était seul en pleine mer.

Et comme si la même pensée de recueillement fût venue en même temps à l'esprit de tous les passagers, il y eut un instant de silence profond.

Puis, les causeries reprirent. Des messieurs, en fumant, se promenaient de l'avant à l'arrière du steamer. D'autres descendaient luncher à la table de la salle à manger constamment servie de viandes froides, de sandwiches et de gâteaux anglais. Puis, on montait sur la passerelle et on interrogeait le capitaine. Des dames, avec des lorgnettes, scrutaient l'horizon.

Et, chose particulière, tant était grande cette attraction de la mer qu'on ne voyait personne lire.

M. Jean, repris de curiosité, demanda :

— D'où vient la couleur de la mer?

— Elle vient, soit des rayons du soleil qui la pénètrent, soit des propres couleurs de ses différents fonds.

Elle est produite aussi par la couleur des végétaux et les animalcules qu'elle renferme en infinie quantité.

— Elle est profonde, la mer? reprit M. Jean. Quelle profondeur a-t-elle?

— Voilà une question à laquelle il est difficile de répondre, dit André.

— Pourquoi? fit M. Jean.

— Parce que le lit de la mer n'est pas horizontal et que sa profondeur varie fréquemment. En tel endroit, elle est de deux cents mètres, en tel autre elle atteint trois mille, quatre mille, six mille mètres.

— Six mille mètres, six kilomètres? répéta M. Jean.

— Oui, six kilomètres.

— Il n'y a pas de poissons, pas d'animaux à une si grande profondeur; la vie doit y être suspendue? demanda Mlle de Gaël.

— Je vous demande pardon, reprit André; on y vit et on y vit fort bien.

Un navire de l'État, chargé de faire des sondages dans le golfe de Gascogne, a retiré d'un fond de cinq mille mètres des crustacés et des mollusques, c'est-à-dire — fit André en s'adressant à son frère — des homards, des écrevisses, des pieuvres et des oursins.

Bien plus, on a pêché à la ligne à une profondeur de trois kilomètres.

— Pêché à la ligne à trois kilomètres! dit M. Jean en riant. Est-ce que c'est possible?

— Assurément on ne s'est pas servi d'une canne à pêche ordinaire, mais d'engins spéciaux.

— Et quels poissons a-t-on pris? demanda M. Jean conservant sur ses lèvres son petit sourire incrédule.

— On a pris des requins, monsieur le moqueur, et si vous voulez en savoir le nombre, on en a pris quarante-quatre d'un seul coup.

— Ah! voilà une belle pêche, ne put s'empêcher de dire M. Jean; mais elle n'est pas sans danger!

— Rassure-toi, les requins n'ont fait aucun mal à leurs pêcheurs : ils ont éclaté en arrivant à la surface de l'eau.

— Éclaté! que veux-tu dire?

— Au fond de la mer, où vivaient ces requins, ils avaient sur le corps le poids énorme de trois mille mètres d'eau, n'est-il pas vrai?

— Oui.

— Il fallait donc que leurs corps fussent construits de façon à supporter cette pression.

Un homme à leur place eût été écrasé et, pour ainsi dire, aplati par ce poids énorme.

Or, quand les requins ont été amenés à la surface et qu'ils n'ont plus eu à supporter la pression à laquelle ils étaient habitués, un manque d'équilibre s'est produit entre la force élastique de l'intérieur de leur corps et la pression extérieure, et ils ont éclaté comme un ballon qui s'élève trop haut dans les airs.

— Alors, on ne pourrait pas descendre très profondément dans la mer?

— Non, même pas en scaphandre.

— En scaphandre? fit M. Jean avec interrogation. Qu'est-ce que...

Mais, tout à coup il s'arrêta au milieu de sa question, et, se penchant à l'oreille de son frère, il lui dit tout bas :

— Oh! mais regarde donc!

Et M. Jean semblait un peu honteux de ce qu'il montrait à André.

CHAPITRE XX

LA TRAVERSÉE

Il faut avouer que le spectacle que M. Jean montrait à André n'était point d'une parfaite beauté.

Le tangage et le roulis produisaient leurs effets habituels sur certains tempéraments et plusieurs personnes, aussi bien dames que messieurs, éprouvaient un mal inévitable.

— Mais qu'est-ce qu'ils ont donc? murmura M. Jean.

— Ils ont le mal de mer, répondit André.

— Ils ont le mal de mer, répéta M. Jean. Eh bien, pourquoi l'ont-ils quand nous ne l'avons pas?

— Cela, je n'en sais rien. Le mal de mer est un phénomène dont la cause est presque inconnue. On pense généralement que le frottement des viscères du ventre y joue le principal rôle et c'est tout. Les tempéraments les plus opposés y sont sujets. Nous n'avons pas le mal de mer, et ces pauvres gens en supportent les souffrances. Pourquoi ? On l'ignore et on n'y connaît point de remède.

— Ça fait bien souffrir ?

— Tu le vois. C'est à peine si ces malheureux ont la force de maudire le mouvement du bateau qui leur donne tout ce mal. Ils sont là, sans courage, sans volonté, les traits pâlis, insouciants de ce qui se passe autour d'eux.

Ne sais-tu pas que Cicéron s'étant réfugié à bord d'un navire pour éviter Popilius, que Marc-Antoine avait envoyé avec l'ordre de lui couper la tête, préféra retourner à Gaëte et se livrer à son bourreau plutôt que de supporter le mal de mer ?

— Non, je ne savais pas, répondit M. Jean avec sa franchise tranquille.

— Eh bien, désormais tu le sauras, répondit André sur le même ton. L'acte de Cicéron peut te donner une idée des tortures que ce mal impose.

M. Jean reporta ses regards sur la mer.

— Et ce sont ces vagues qui sont cause de cela ! dit-il.

Et comme il en remarquait une plus violente que les autres qui venait se briser contre le flanc du steamer, semblant essayer d'y monter à l'assaut, il ajouta :

— On dirait qu'elles ont des griffes, ces vagues-là !

— Ta comparaison n'est pas mauvaise, la vague semble avoir des griffes quand un obstacle la rend furieuse; alors, elle veut renverser ou surmonter cet obstacle; elle s'y cramponne, elle s'accroche à lui, et c'est ainsi que, dans les tempêtes, les hautes vagues viennent balayer le pont des navires, enlevant souvent de lourds objets et quelquefois des hommes qu'elles entraînent comme une proie et qu'elles engloutissent au fond de leurs abîmes.

— Mais ces abîmes, on peut y pénétrer; tu l'as dit tout à l'heure.

— A l'aide du scaphandre.

— Qu'est-ce que c'est donc qu'un scaphandre?

— Scaphandre vient de deux mots grecs et signifie homme-bateau; c'est, en tout cas, un bateau qui plonge sous l'eau, car le scaphandre est destiné à travailler sous l'eau. On nomme aussi scaphandre le costume dont se recouvre l'homme qui doit rester quelque temps au milieu de l'élément liquide. On emploie les scaphandres pour réparer les voies d'eau des navires, pour visiter les bateaux submergés et sauver leur matériel ou leur chargement; on les emploie aussi pour la pêche des éponges, des perles et du corail.

Le scaphandre se compose d'un vêtement imperméable et d'un casque en cuivre, orné de deux verres placés devant les yeux du plongeur. Dans ce casque, une pompe à air, placée sur le rivage ou à bord d'un bateau, envoie constamment l'air nécessaire à la respiration de l'homme hermétiquement enfermé dans l'appareil.

— Et avec cela on peut descendre tout au fond de la mer?

— Oh! non; la limite ordinaire de descente est de quarante

mètres; au delà, la pression d'eau trop considérable développe des douleurs intolérables dans les diverses parties du corps qu'elle comprime au point d'arrêter la circulation du sang.

— C'est égal, je voudrais bien aller en scaphandre, dit naïvement M. Jean, car ça doit être bien curieux de voir ainsi la mer...

— Et de se trouver au milieu de ses innombrables habitants, ajouta M. de Gaël, se rapprochant du groupe formé par la famille.

— Innombrables! dit M. Jean. Il y en a donc tant que ça, des habitants?

— Je crois bien; la vie abonde dans l'océan qui renferme une multitude d'animaux depuis les plus inoffensifs jusqu'aux plus redoutables, depuis les infusoires qu'on n'aperçoit qu'à l'aide du microscope jusqu'aux plus grands colosses, depuis le polype jusqu'à la baleine.

— Un polype, qu'est-ce que c'est?

— C'est un zoophyte, dit M. de Gaël comptant embarrasser son petit-neveu.

— Et qu'est-ce que c'est qu'un zoophyte? continua M. Jean sans se déconcerter.

— C'est un animal qui a la forme d'une plante, tel que le corail.

— Le corail est un animal! s'écria M. Jean. Eh bien, moi, je croyais que c'était une pierre!

— Eh bien, tu te trompais. Une branche de corail est une colonie de polypes parfaitement distincts, mais qui se sont soudés les uns aux autres. Le polype du corail est d'abord un infiniment petit ver blanc, puis ce petit ver se soude à d'autres vers et les corps de ces vers sécrètent alors une matière pierreuse rouge qui les enveloppe et qui n'est autre que ce que nous appelons du corail.

L'éponge également est un animal...

Ici M. de Gaël fut interrompu par M. Jean qui s'écria avec une certaine incrédulité :

— L'éponge, avec quoi on se lave?

— Oui, mais l'éponge au fond de la mer n'a pas tout à fait l'aspect de l'éponge sur une table de toilette.

L'éponge est un animal infiniment petit, de forme ovale, et muni de cils qui lui permettent de se maintenir et de se mouvoir dans l'eau. Quand il rencontre un rocher, il s'y fixe et dès lors garde l'immobilité; d'autres petits animaux semblables viennent se fixer autour de lui et une série de métamorphoses commence; l'ensemble de ces êtres présente bientôt l'aspect d'un végétal informe; c'est un corps criblé de trous et ces trous s'em-

plissent d'une matière pierreuse. Aussi l'éponge détachée du rocher subit-elle plusieurs préparations spéciales avant de pouvoir servir à nos usages. Mais tout cela n'empêche pas qu'elle n'ait pour origine un animal.

A ce moment le vent, qui s'était mis à souffler, poussa plus violemment les vagues contre le steamer.

— Si nous allions faire naufrage! murmura M. Jean en se rapprochant de sa mère.

— Il n'y a pas le moindre danger, dit M. de Gaël avec un sourire et rassurant ainsi tout son monde.

— Et dire, ajouta M. Jean en montrant les flots qui accouraient, écumeux et ballottant le steamer, et dire qu'on n'a pas encore trouvé le moyen d'empêcher ça !

— Ah ! monsieur Jean, fit Mlle de Gaël, vous en demandez trop ! Comment voulez-vous qu'on apaise les vagues ? Cela est-il possible ?

— Peut-être ! dit une voix.

On se retourna et on s'aperçut que c'était André qui venait de lancer cet adverbe inattendu.

— Peut-être, dites-vous ? s'écria Fernande avec une profonde surprise.

Quant à M. de Gaël, il regardait André, attendant qu'il s'expliquât.

— J'ai dit peut-être, répondit André, et voici pourquoi. On vient de faire dans un petit port de l'Écosse des expériences extrêmement curieuses qui, si elles ont été faites avec sincérité, donneraient un moyen de calmer l'agitation de l'Océan.

— Tu veux parler de l'huile ? dit M. de Gaël.

— En effet, mon oncle.

— Eh bien, continue, continue ! fit M. de Gaël avec un sourire qui semblait indiquer que l'ancien capitaine de vaisseau n'avait pas grande confiance dans les expériences écossaises.

— Je continue donc. Il existe en Écosse le petit port de Peterhead dont l'entrée est souvent barrée aux bateaux par l'agitation de la mer. On a imaginé d'établir sur la jetée une pompe foulante dont le tuyau de plomb aboutit sous la mer en face de l'entrée du port. La pompe refoule de l'huile à cet endroit. L'huile, plus légère que l'eau, monte à la surface des vagues et les recouvre d'une couche mince qui s'étale vers l'entrée du port et, dit-on, bientôt les flots s'apaisent et les bateaux peuvent pénétrer sans péril.

— Voilà qui est étrange! dit Fernande, mais comment ce phénomène est-il explicable?

— On peut supposer que la couche d'huile étalée sur la mer forme une pellicule qui s'oppose à l'action du vent et que, dès lors, les vagues déferlantes sont transformées en vagues roulantes beaucoup moins dangereuses. Qu'en pensez-vous, mon oncle?

— Je pense que je voudrais bien voir ces expériences-là avant de donner mon avis. Je dirai cependant que j'ai été témoin du fait suivant dans la Méditerranée sur les côtes de la Morée.

Des pêcheurs d'éponges, de ces éponges dont nous parlions tout à l'heure, allaient se mettre à leur rude besogne.

Mais, avant de se jeter à l'eau, ils avaient besoin de reconnaître le fond de la mer afin de savoir si, là où ils allaient plonger, il y avait des éponges.

La mer était calme, remarquez ce détail, mais un vent léger la ridait.

Les pêcheurs prirent des poignées de sable qu'ils trempèrent dans de l'huile.

Puis ils cinglèrent ce sable sur la surface de la mer. L'huile qu'il contenait s'y déposa, s'y étendit et empêcha les rides de l'eau en neutralisant l'action de l'air et, bientôt, on put voir distinctement le fond de la mer.

— Eh bien, mon oncle, ce fait a un rapport réel avec l'expérience dont je parlais.

— Soit ! mais je t'ai fait remarquer que la mer était calme et tu me permettras de douter, jusqu'à nouvel avis, de la puissance de l'huile pour calmer des vagues semblables à celles qui nous entourent.

CHAPITRE XXI

L'ILE DE JERSEY

> L'Océan a brisé des continents et il en a fait des îles. Parfois, comme un capricieux souverain, il reprend dans ses flots quelques-unes de ces anciennes îles, et du fond de son écrin d'or et d'émeraudes en fait jaillir de nouvelles.
>
> X. MARMIER.

A ce moment se produisait sur le pont du steamer un mouvement inusité.

Des passagers montaient sur la passerelle déjà pleine de monde; d'autres passaient de l'arrière à l'avant du bateau; et tous les regards étaient fixés dans la même direction.

Jersey venait d'apparaître, très distincte, éclairée par les derniers rayons du soleil couchant.

Et ces mots circulaient dans la foule : « Nous sommes arrivés. — Voilà Jersey. » Et les visages prenaient des airs de contentement. Même les pauvres victimes du mal de mer essayaient de sourire.

On fit ses préparatifs de débarquement, on alla reconnaître ses bagages déposés pêle-mêle sur le pont et on attendit avec impatience que l'*Alliance* entrât dans le port de Saint-Hélier, capitale de l'île de Jersey.

M. de Gaël et sa famille descendirent dans un hôtel français où l'on dîna. Après le dîner, on fit une promenade dans la ville et on remarqua l'animation constante des rues principales. Halkett place, Queen street, King street, avec leurs magasins éclairés, leurs bars innombrables et tumultueux, leurs boutiques de marchands de cannes ou de tabac, étaient envahis d'une foule de promeneurs qui descendaient et remontaient durant toute la soirée jusqu'à onze heures, moment de la fermeture des bars et des boutiques.

Enfin M. Jean rentra se coucher. Il fallait se lever de bonne heure pour aller visiter les gorges, les rochers et les cavernes de Plémont.

Le lendemain matin un breack emmena toute la famille, se dirigeant sur Plémont et suivant des routes assez étroites, mais ombragées et embaumées des senteurs de fuchsias en pleine terre qui poussaient aux portes des nombreuses villas.

Chemin faisant, M. Jean eut cette réflexion :

— Comment se fait-il que cette île, qui est si près de la France, appartienne à l'Angleterre?

— Mais c'est l'histoire de Jersey que tu demandes là! s'écria André.

— Oui, répondit M. Jean avec son calme habituel.

— Eh bien, je vais t'apprendre une chose qui t'étonnera : avant le VIIIe siècle, l'île de Jersey n'existait pas.

— Quoi! elle s'est formée depuis? Nous sommes sur une île qui s'est élevée du fond de la mer comme l'île Ferdinanda? dit M. Jean avec une certaine inquiétude.

— Non, ce n'est pas cela. Jersey existait, mais ce n'était pas une île.

— Que veux-tu dire?

— Je veux dire qu'avant le vIII° siècle la mer qui sépare aujourd'hui Jersey de la France était remplacée par une vaste forêt semée de villages...

— La mer sur laquelle nous venons de faire la traversée n'existait pas? s'écria M. Jean avec une profonde surprise.

— Non, puisqu'il y avait une forêt à sa place.

— Eh bien, la forêt, qu'est-elle donc devenue?

— Au commencement du vIII° siècle, en l'année 709, un de ces tremblements de terre, une de ces convulsions souterraines dont notre oncle t'a parlé, a détaché du sol de France une immense étendue de terrain qui s'étendait depuis Ouessant, à la pointe de la Bretagne, jusqu'au cap de la Hague, en Normandie. Ce terrain fut englouti dans l'Océan...

— Comme l'Atlantide?

— Comme l'Atlantide et il ne resta, semblables à des épaves attestant ce naufrage, que quelques îles surnageant au-dessus des flots. Jersey est précisément une de ces îles.

— Comme c'est étrange! dit M. Jean.

Puis il ajouta :

— Alors, nous avons passé hier, en bateau, au-dessus d'une forêt et peut-être de villages?

— Sûrement. Cela est si réel qu'en 1735 et en 1812, années où il se produisit des marées extrêmement basses, on put apercevoir au fond de la mer les ruines d'un village.

Maintenant que tu sais par suite de quel cataclysme Jersey est devenue une île, je vais te dire, en quelques mots, son histoire.

Jersey, devenue île, servit d'abord de repaire à des pirates saxons. La France la reprit à ces pirates; mais à partir de la con-

quête de l'Angleterre par les Normands, Jersey fut sans cesse disputée par les deux pays. En 1374, Bertrand du Guesclin fut sur le point de la reconquérir; il assiégeait le château fort de

Mont-Orgueil quand les assiégés reçurent des renforts considérables. Du Guesclin dut se retirer et rentrer en France.

— Est-ce qu'il existe encore, le château fort? demanda Fernande.

— Il en reste de fort belles ruines, répondit M. de Gaël, que nous visiterons certainement.

On arrivait à Plémont.

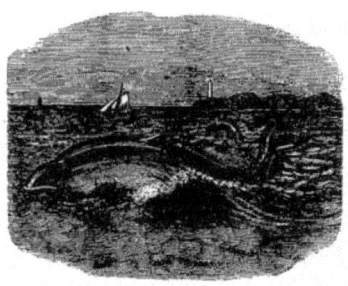

C'est avec précaution qu'on descendit le petit sentier qui court à travers les hautes falaises et aboutit, après un fragile pont de bois, à la grève aux Lançons.

La mer était basse et M. Jean put pénétrer dans les cavernes profondes creusées au pied des falaises et qui sont une des curiosités de l'île.

— Qui donc a creusé ces cavernes? demanda-t-il à son oncle.
— C'est la mer.
— La mer seule?
— Oui, elle est assez forte et assez tenace pour venir à bout

d'un tel travail. A chaque marée montante, les flots viennent battre, furieux, cette muraille de rochers qui leur fait obstacle. Ils se heurtent contre elle, cherchent à la franchir ou à la renverser. Et, dans cette lutte acharnée, dans ce choc frappant toujours à la même place, les vagues, qui semblent avoir des griffes, arrachent des fragments de roche, trouent la falaise, la creusent et la sapent par la base jusqu'au jour où elle s'écroulera, impuissante et vaincue.

Et M. de Gaël montrait ces énormes blocs de rochers, avec des tons d'un rouge sombre, rongés par les eaux, crevassés, fendus, isolés, quelquefois suspendus dans l'espace par un miracle d'équilibre et entaillés avec une singulière régularité par les lames véritablement tranchantes de l'Océan.

Les jours suivants, on fit dans l'île les excursions d'usage. M. Jean visita la grève de Lecq avec ses cavernes, son trou du Diable, ses chutes d'eau; il admira la baie si calme et si bleue de Rozel; du sommet de la tour du Prince, il regarda le panorama de l'île qui apparaît comme un parc orné de villas; avec un curieux intérêt il examina, non loin du village de Gorey, le Cromlech, cet antique monument qui servit d'autel et de lieu de réunion aux druides de Jersey; enfin il parcourut les vastes ruines du château fort de Mont-Orgueil.

De la plate-forme, le ciel étant très clair, on aperçut les côtes de la France.

Cette vue rappela à André la conversation qu'il avait eue avec M. Jean et il dit qu'on pensait avoir retrouvé les traces d'une route allant directement de Jersey à Coutances, au temps où Jersey était relié à la France. Cette route partait précisément de Gorey, presque au pied du château.

M. Jean plongea longuement ses regards dans la mer bleue; il tâcha d'en scruter le fond, voulant découvrir quelque vestige de cette route mystérieuse dont lui parlait son frère; mais, il faut l'avouer, cette fois-là, M. Jean ne découvrit rien du tout!

CHAPITRE XXII

LE JARDIN DE L'OCÉAN

Le retour de Jersey à Saint-Malo se fit par une mer très calme.

Nulle brise ne troublait la surface des eaux, qui gardaient leur limpidité attirante et leur majestueuse tranquillité.

Une fois à Saint-Malo, M. de Gaël résolut d'emmener sa petite famille dans les excursions d'usage.

Il prit un petit voilier de promenade, le *Georges-Édouard,* qui transporta tout le monde à Dinard. La mer était courte ce jour-là, comme disent les matelots pour représenter le peu de hauteur des vagues. Ces lames courtes heurtaient fréquemment et brusquement la barque, venant du large et produisant un roulis très accentué. Mais M. Jean s'habituait à la mer, il y trouvait un profond plaisir, et comprenait peu à peu le grand amour de Mlle de Gaël pour l'Océan.

On visita la charmante plage de Dinard bien abritée, avec son enfoncement demi-circulaire, entre les hautes falaises qu'à marée montante les lames pressées, qui accourent de la haute mer, essayent en vain d'escalader dans un ressac audacieux.

On alla en voiture jusqu'à Saint-Briac en longeant les côtes pittoresquement découpées de Saint-Enogat et de Saint-Lunaire, et, en revenant à Dinard, M. Jean vit une chose qui attira son attention.

Une charrette, attelée de deux chevaux, semblait être au milieu de la mer. Sur la charrette, un homme rangeait et tassait ce que des femmes, jambes nues dans le sable d'où la mer se retirait, lui présentaient.

— Qu'est-ce qu'ils font là? dit-il, surpris.

— Ils font une récolte, répondit M. de Gaël.

— Une récolte dans la mer! Une récolte de quoi?

— De varechs, ou, comme ils disent ici, de goémons.

— Ils récoltent du varech. Ça sert donc à quelque chose, le varech?

— Mais oui, le varech est classé parmi les engrais, c'est-à-dire parmi les substances qui concourent au développement et à l'accroissement des végétaux terrestres et qui rendent au sol les éléments dont il se dépouille au profit des plantes de toutes sortes.

Le varech contient des matières azotées, de l'iode et de la soude.

Les varechs, dont le nom botanique est *fucus*, sont si nombreux, de formes si variées, et quelquefois de couleurs si brillantes, qu'ils sont comme le jardin de l'Océan.

Il y a, sous les eaux, de vastes prairies qui servent d'asile à d'incalculables quantités d'animaux.

Aux Tropiques, les fucus remplissent des étendues de plusieurs centaines de lieues, et tu dois te rappeler cette mer des Sargasses, dont André t'a parlé.

Ces fucus vivent dans l'Océan, quelquefois flottant librement, souvent fixés si fortement par des sortes de griffes aux rochers qui les entourent, que les flots les plus impétueux ne peuvent les en arracher.

Le fucus est composé d'une masse gélatineuse, longue et aplatie, recouverte d'une espèce de cuir lustré, et dont les bords sont dentelés et festonnés de mille façons. Dans les Indes, on mange en salade certain fucus; un autre fucus sert de tabac; avec un autre encore on fait des cordages.

Il est des fucus qui atteignent des centaines de mètres de longueur, et ce sont probablement ceux-là qui, flottant entre deux eaux, ont donné naissance à la légende du serpent de mer.

— Ils n'ont pas de fleurs? demanda M. Jean.

— Non.

— Alors, ils ne donnent pas de graines?

— Si.

— D'où viennent donc ces graines?

— Ces graines, qui sont d'une nature exceptionnellement

curieuse, sont contenues dans des sortes de poches à l'intérieur du fucus. Elles se nomment zoospores.

— Zoospores? dit M. Jean en répétant ce nom bizarre.

— Zoospore est formé de deux mots grecs et signifie animal-graine.

— Comment! la graine du varech est un animal?

— Mais oui. Dès que ces petites graines s'échappent de la poche où elles étaient enfermées, elles se mettent à nager, elles se meuvent avec une extrême vivacité à l'aide de petits filaments, de cils, dont elles sont munies.

Ce sont alors de véritables animaux, mais au bout de quelques heures, elles vont se fixer aux rochers, et dès lors elles deviennent plantes et commencent à germer. L'animal est devenu un végétal.

On laissa la charrette continuer sa récolte et on revint à Saint-Malo.

M. de Gaël ne voulait pas quitter le pays sans montrer à ses invités les bords riants et fleuris de la Rance, cette petite source du Collinée qui, après avoir arrosé Dinan, devient un large estuaire à la frontière d'Ille-et-Vilaine et accourt se jeter dans la mer en formant les ports de Saint-Servan et de Saint-Malo.

Aussi le lendemain matin tout le monde prit-il place sur la passerelle d'*Ille-et-Rance*, steamer faisant le service de Saint-Malo à Dinan.

Le vapeur laissa sur sa gauche l'anse du Solidor, dominée par sa vieille tour féodale, puis passa devant le Briantais avec ses parcs et ses bois, devant la Flouerie, où les corsaires cher-

chaient un refuge, et devant les vertes collines de Jouvente. Il côtoya l'Ile-au-Moine, où jadis un ermite agitait une cloche pendant les tempêtes, et la nuit, allumait un feu pour guider les marins. Il longea la plaine de Saint-Suliac, de ce Saint-Suliac qui, d'après la légende restée vivace là-bas, changeait les ânes en pierres et les pains en serpents.

Près de la Ville-ès-Nonais, où le fleuve se resserre, on aperçut le château de la Roche, bâti sur l'emplacement d'une vieille forteresse prise aux Anglais par du Guesclin. Après une courte halte à l'écluse du Châtelier, le steamer passa sous les rochers surplombants du Livet et de Foumoy qu'habitent de nombreux éperviers, et M. de Gaël fit remarquer à M. Jean une singulière coupure dans les roches, coupure correspondante sur les deux rives, qui n'était autre qu'une antique voie romaine dont les vestiges demeuraient là, impérissables.

C'est au milieu de ces souvenirs évoqués à chaque tour de roue du vapeur qu'on arriva à Dinan, cette jolie ville de France qui ressemble à un frais jardin poussé dans une corbeille de granit.

CHAPITRE XXIII

LE MONT SAINT-MICHEL

Ces excursions avaient mis M. Jean en goût d'en faire d'autres, et, comme de retour à Saint-Malo, il vit sur les murs de la ville de nombreuses affiches indiquant l'excursion au mont Saint-Michel, il demanda à son oncle de la lui offrir.

M. de Gaël y consentit, et toute la petite famille prit le chemin de fer à Saint-Malo jusqu'à Pontorson, où l'on descendit du wagon pour monter dans un des omnibus conduisant au mont Saint-Michel.

Vers la moitié de la route, la voiture ralentit son train et les quatre chevaux, qui avaient trotté jusqu'alors assez convenablement, se mirent au pas, tirant de tous leurs efforts.

— Nous sommes sur la tangue, dit un voyageur expliquant ainsi ce ralentissement subit.

M. Jean, pour qui ce mot n'expliquait rien du tout, se pencha vers Fernande et lui dit tout bas :

— Qu'est-ce que c'est que ça, la tangue ?

Fernande ne répondit rien.

— Tu ne sais pas ? reprit M. Jean toujours sur le même ton.

— Eh bien, non, je ne sais pas.

Peu satisfait de cette réponse, M. Jean se tourna vers son frère :

— Et toi, tu sais ce que c'est que la tangue ?

— Oui.

— Qu'est-ce que c'est ?

— Je te le dirai quand nous serons arrivés là-bas.

Et, en même temps, André montrait à son frère le mont Saint-Michel paraissant au loin, superbe et grandiose, dans un enchevêtrement de murailles de granit et de tours épaisses et massives qui resserraient et protégeaient la célèbre abbaye.

Bientôt la voiture traversa la digue qui réunit maintenant l'île à la terre ferme et entra dans le mont Saint-Michel par l'unique porte qui existe.

Auprès de cette porte, André fit remarquer à M. Jean deux vieilles pièces de canon et des boulets, et, prévenant une nouvelle question, il dit aussitôt :

— Je t'en reparlerai tantôt.

On arrivait à marée basse.

Il était alors cinq heures du soir et la marée haute devait commencer à se produire dans quelques minutes.

Les voyageurs se hâtèrent de gravir l'étroite et la seule rue du village qui se déroule en ligne courbe sur le flanc de la montagne et aboutit à l'abbaye par un escalier divisé en plusieurs rampes.

— Nous visiterons demain, dit Fernande à M. Jean; pour le moment, il faut monter au haut de l'abbaye afin de ne pas manquer le spectacle de la marée montante.

Un escalier, enserré dans une tourelle, conduisit les voyageurs à la plate-forme de la haute tour de l'abbaye.

On se trouvait à cent mètres d'élévation, isolé au milieu d'une immense plaine de grèves désertes.

Dans cette étendue d'un gris blanc, mettait seul ses tons noirs l'îlot de Tombelaine, cet îlot où les poètes de la Table-ronde plaçaient la tombe d'Hélène, fille d'Hoël, enlevée par le géant Dinabue.

M. Jean, intimidé d'abord, rassuré ensuite et curieux enfin, murmura :

— Mais la mer ? Elle ne vient donc pas ?

— Si, elle vient ! dit Fernande. Écoute et regarde !

Du large, on percevait un bruit singulier, quelque chose comme un bruissement de feuillage léger, mais continu.

Puis, soudain M. Jean remarqua, venant du Nord, une longue et ondulante ligne blanche.

Cette ligne s'avançait rapide, irrésistible, et, en même temps un bruit sourd se faisait entendre qui indiquait la grande voix de l'Océan.

A l'ouest et à l'est, deux autres lignes blanches se montraient aussi, et, toutes, elles se dirigeaient sur le mont Saint-Michel, qui était le but qu'elles voulaient atteindre, qui était la proie qu'elles voulaient enlacer.

Les lignes blanches se rapprochèrent et bientôt M. Jean put voir qu'elles étaient formées d'une frange d'écume.

C'était la bordure argentée d'une immense nappe d'eau.

Cette nappe, très mince, ne semblait plus accourir, elle

s'étendait, elle s'étalait sur la grève, qu'elle recouvrait de quelques centimètres à peine ; mais derrière cette nappe en arrivait une autre, plus remuante, plus active, mieux lancée par l'Océan. Celle-là poussait celle-ci, et si la première résistait au choc, la seconde passait par-dessus et conquérait le terrain.

Puis, parvenues à peu de distance du mont, ces nappes se divisaient en vagues minces qui se donnaient le même travail et s'efforçaient d'arriver au but ; elles rampaient, se glissaient, choisissaient la route la plus facile, la pente la plus rapide, toutes pressées, toutes ayant hâte de finir leur rude besogne. C'était à qui arriverait la première assiéger le vieux roc de granit qui leur faisait un si fier et si dédaigneux obstacle.

Tout à coup, au milieu du silence qu'imposait cet étonnant spectacle, une voix se fit entendre.

— Oh ! s'écriait cette voix, oh ! on dirait qu'elles sont vivantes !...

Cette voix appartenait à M. Jean, et cette voix avait raison.

Les vagues semblaient être réellement animées, douées d'instinct et d'énergie, connaissant leur tâche et sachant leur force.

M. Jean avait raison. On eût dit qu'elles étaient vivantes.

Mais sa réflexion fit rappeler aux auditeurs qu'il était temps de se diriger vers la table d'hôte si l'on voulait avoir de quoi dîner. Cette pensée était, hélas ! d'un réalisme nécessaire.

On revint donc à l'hôtel en suivant cette fois les remparts battus de tous côtés par les vagues ; et, là, où tout à l'heure était la grève, on voyait à présent une mer profonde de plusieurs mètres.

— Eh bien, monsieur Jean, dit Fernande en souriant, avez-vous maintenant une meilleure opinion de l'Océan ?

— Oui, c'est beau ! murmura M. Jean, très convaincu.

Il ajouta :

— Et tous les jours le même spectacle se représente ?

— Le même spectacle, oui, mais modifié par l'état du temps.

— Que veux-tu dire ?

— Aujourd'hui le temps était calme, nulle brise ne soufflait. Aussi la mer est-elle venue, sûre de la réussite de son œuvre, dans des rampements pleins de douceur, avec des allures souples, — un peu sournoise, presque féline.

Mais quand le vent souffle de terre à l'heure où la mer monte, ce vent devient un obstacle nouveau, une sorte de muraille mouvante que les vagues essayent de franchir ou de percer, contre laquelle elles se redressent, se cabrent, dans un terrible courroux, et se brisent en jaillissantes écumes d'argent.

Quelle que soit l'intensité de la lutte, quelle que soit la force de l'ennemi, qui est le vent, la victoire reste aux vagues combattantes qui ont, pour renfort, tout l'Océan derrière elles et que commandent les lois inflexibles de l'attraction des astres.

— Allons ! dit Mme Fernay à M. de Gaël, je vois que Fernande est toujours la grande enthousiaste de l'Océan !

— Elle a raison ! dit M. Jean, fort sérieux, en serrant la main de sa cousine pour lui montrer qu'il partageait désormais son enthousiasme.

— Ah ! je suis bien contente, s'écria Mlle de Gaël en riant ; j'ai opéré la conversion de M. Jean !

Après le dîner, M. Jean voulut connaître l'histoire de ce mont Saint-Michel qu'on visiterait le lendemain matin.

— Le mont Saint-Michel, dit André, fut d'abord, d'après la légende, l'asile mystérieux des Druides. En 709, un évêque d'Avranches y conduisit une colonie de bénédictins qui jetèrent les fondements de l'abbaye. Au xe siècle, des pirates scandinaves chassèrent les moines de cette retraite jusqu'au jour où Rollon, duc de Normandie, parvint à la leur rendre. Les successeurs de Rollon comblèrent l'abbaye de présents et en firent un but de pèlerinage. Détruite deux fois par l'incendie, elle fut relevée de ses ruines par Philippe-Auguste.

Au xve siècle, pendant la guerre de Cent ans, entre la France et l'Angleterre, les Anglais essayèrent à deux reprises de s'emparer du mont Saint-Michel; ils furent repoussés avec pertes et les deux canons que je t'ai montrés à la porte de la ville sont des canons pris sur les Anglais à cette époque.

Le roi Louis XI créa l'ordre militaire placé sous l'invocation de saint Michel, et il se rendit à l'abbaye où il tint le premier chapitre de l'ordre.

Sous Louis XIV, le mont Saint-Michel devint une prison d'État, puis une maison de détention qui existait encore il y a peu d'années.

Enfin, on vient de reconnaître que l'abbaye était un de nos plus anciens et admirables monuments nationaux, et l'État l'a classée au rang des monuments historiques de la France. Je n'ai pas besoin de t'en dire plus long à présent, puisque nous visiterons l'abbaye demain matin.

Le lendemain matin, en effet, M. Jean et sa famille pénétrèrent dans l'abbaye par l'entrée du donjon, flanquée de ses tours crénelées, et se trouvèrent, non pas dans un couloir, mais dans une véritable rue, large et dallée, que voitures et chevaux pouvaient jadis parcourir.

On visita les importantes constructions désignées encore aujourd'hui sous le nom de la Merveille. On parcourut les vastes cryptes qui datent du xie siècle, on traversa la grande salle aux piliers trapus qui servait de cellier, puis on monta à la salle où les chevaliers de Saint-Michel tenaient leurs conférences, superbe vaisseau gothique divisé en quatre nefs par trois rangs de colonnes aux chapiteaux chargés de sculptures; on passa par l'ancien réfectoire des moines construit au xiie siècle et par le dortoir avec ses fenêtres de style moresque.

Au-dessus de la salle des Chevaliers on trouva le cloître, cette véritable merveille d'architecture, ornée de deux cent vingt colonnettes de granit poli à la poussière de diamant, qui forment une double colonnade à jour dont les voûtes sont soutenues par d'élégantes nervures, et qui domine la mer de plus de cent mètres.

Mais ce qui causa la plus vive admiration, ce fut l'intérieur de l'église abbatiale avec sa nef romane et son chœur de style ogival flamboyant, entouré d'arcades en ogives au-dessus desquelles s'ouvre un rang de fenêtres, surmontées d'une frise Renaissance, qui supporte d'immenses baies vitrées, et ses merveilleuses arêtes, taillées à même dans le granit, d'une si grande hauteur, d'une si étonnante légèreté et d'une élégance si parfaite.

M. Jean regardait avec une profonde attention et une surprise croissante.

Il était cependant entré souvent dans les anciens et superbes monuments de Paris, mais il les avait visités et ne les avait pas vus.

Là, en présence de cette masse de granit dont la main des hommes avait, en plusieurs siècles, fait un chef-d'œuvre, il découvrait que l'architecture était un art qui pouvait donner la sensation réelle de la Beauté, et il formula son admiration par ces mots, un peu simples, mais très explicites :

— C'est aussi beau qu'une belle statue!

On revint déjeuner à l'hôtel, et ensuite M. de Gaël dit à M. Jean :

— Maintenant, nous allons faire le tour du mont Saint-Michel à pied sec.

— Comment! à pied sec?

— Oui, la mer est à présent retirée et nous pouvons marcher sur la grève qu'elle avait envahie.

Et comme Mme Fernay restait à l'hôtel avec Fernande :

— Pourquoi maman et Fernande ne viennent-elles pas avec nous? demanda M. Jean.

— Parce que nous allons marcher sur un sable peu agréable qui s'appelle la tangue, dit André en regardant son frère.

— Ah! je l'avais oubliée, la tangue! s'écria M. Jean. Qu'est-ce donc?

— C'est un sable calcaire, c'est-à-dire composé, comme tu le sais, de poussière de coquilles.

— Tout cela, dit M. Jean en montrant la vaste étendue des

grèves où, çà et là, on voyait des pêcheuses, pieds et jambes nus qui s'en allaient relever leurs filets, tout cela c'est de la poussière de coquilles?

— Oui, et pense s'il en a fallu des coquillages pour couvrir tout cet espace qui mesure environ deux cent cinquante kilomètres carrés !

— Et d'où viennent-ils, ces coquillages? ont-ils vécu ici?

— Non, c'est la mer qui les apporte à chaque marée et qui les roule, sans doute, de bien loin, car ils ne forment plus, quand ils arrivent ici, qu'une poussière extrêmement fine.

— Ça sert-il à quelque chose, la tangue?

— Ça sert d'engrais, de même que le varech. As-tu vu en venant ces tas de matières, d'un gris-blanc, déposés dans les champs, le long de la route?

— Oui.

— Eh bien, c'est de la tangue qu'on a retirée de la mer et qu'on laisse sécher avant de l'employer.

Tout en marchant sur cette tangue où les pieds s'enfonçaient, laissant leurs traces, on avait fait le tour du mont Saint-Michel, dont le circuit est à peine de mille mètres, on avait longé un moment le Couesnon, ce fleuve minuscule qui court à travers la grève se jeter dans la mer et sépare la Bretagne de la Normandie, comme le montre le vieux dicton breton :

> Le Couesnon par sa folie
> A mis le Mont en Normandie,

et on revenait au point de départ, c'est-à-dire à l'unique porte des remparts, quand on se trouva tout à coup devant une assez profonde masse d'eau que la digue avait retenue. Les promeneurs durent revenir sur leurs pas, faisant ainsi double trajet.

— Vous avez été bien longtemps à faire votre promenade, dit Mme Fernay qui, avec Fernande, attendait sur le rempart.

— C'est la faute de la digue ! répondit M. Jean.

— Oh ! cette digue causera bien d'autres choses, ajouta M. de Gaël.

— Que veux-tu dire, mon père ? dit Fernande.

— Je veux dire que cette digue est le premier lien jeté pour rattacher le mont Saint-Michel aux côtes de France; la digue qu'on va élever d'ici à Avranches en sera le second; et ces liens deviendront solides, à moins qu'une forte marée ne se hâte de venir les briser.

— Je comprends, mon père. Quand ces deux digues seront construites, elles opposeront leur obstacle à la mer; les flots de la marée montante s'y heurteront sans les franchir et tout le terrain compris entre elles deux restera à sec.

— Oui ; et ce terrain sera bientôt mis en culture; il y poussera des choux ou des carottes, de la luzerne ou des betteraves; on y bâtira des fermes, des usines ou des châteaux, et le vieux mont Saint-Michel fera partie du continent, tout cela pour gagner quelques centaines d'hectares.

— Ce n'est pas à dédaigner, dit André avec un sourire.

— Mais, mon cher ami, ce qui fait une partie de la beauté du mont Saint-Michel, c'est son isolement, c'est sa place au milieu des flots; s'il se rattache à la terre, ne perdra-t-il pas de son prestige, de son pittoresque ?

— Et de sa poésie? ajouta Fernande en appuyant sur ses paroles pour montrer à André qu'elle n'était contente ni de sa réflexion ni de son sourire.

— Oh! mais je vais me défendre, dit André toujours souriant, par ces seuls mots : Si le mont Saint-Michel se trouve un jour rattaché au continent, il ne sera redevenu que ce qu'il était autrefois.

— Comment? dit naïvement M. Jean, autrefois le mont Saint-Michel n'était pas le mont Saint-Michel?...

— Si, mais il était mont sans être île.

— Expliquez-vous, dit Mlle de Gaël.

— Vous souvenez-vous du tremblement de terre dont je vous ai parlé à Jersey?

— Oui, se hâta de répondre M. Jean, de ce tremblement de terre qui engloutit dans la mer tout le terrain compris entre la pointe de la Bretagne et la pointe de la Normandie.

— Très bien, monsieur Jean, continuez! dit alors M. de Gaël.

— Certains points de ce terrain, plus solides ou plus élevés que les autres, ne furent pas submergés et formèrent des îles, dit M. Jean obéissant à son oncle, et Jersey était une de ces îles.

— En effet, et maintenant je vais te nommer une autre île qui a échappé également à cette terrible convulsion souterraine : c'est...

— Le mont Saint-Michel?

— Tu l'as dit.

— Quoi! le mont Saint-Michel? s'écria Fernande.

— Oui, ma chère cousine, le mont Saint-Michel était autrefois une montagne tenant à la terre ferme, environnée de bois et de forêts sur une très grande étendue. Si les preuves historiques de ce fait sont peu nombreuses et résultent surtout d'une tradition constante, les témoignages matériels en sont peu contestables. Dans cette baie du mont Saint-Michel, sous cette tangue, et d'ici à l'ancien marais de Dol sur une étendue de quinze lieues, on trouve entassés des arbres de toutes les espèces. Pendant dix siècles, le marais de Dol, devenu accessible aux fouilles, a fourni des bois de chauffage et de construction. Cela donne à supposer l'immense forêt qui s'est trouvée engloutie. Et remarquez que l'histoire du mont Saint-Michel ne commence qu'en 709, c'est-à-dire à l'époque de ce cataclysme, au moment où le mont, isolé par l'Océan, était devenu un asile et une forteresse.

— C'est étrange et c'est bien curieux! dit Mlle de Gaël. Ainsi, en supposant que le travail des digues réussît et que le mont Saint-Michel se rattachât au continent, les hommes n'auraient fait autre chose que de réparer un désordre de la nature?...

Et, sérieuse, et regardant affectueusement André, elle ajouta :

— Cela aussi a sa poésie!

CHAPITRE XXIV

LES DEUX LETTRES

En rentrant au château des Chênes, M. de Gaël trouva une lettre qui l'attendait, et Fernande en trouva une autre.

M. de Gaël, après avoir lu la lettre qui lui était destinée, appela André et l'emmena avec lui à travers les grandes allées du parc.

La conversation fut longue et sérieuse.

Quant à Fernande, la lettre qu'elle recevait la rendit toute joyeuse.

Elle attendit la fin du déjeuner pour dire gaiement à tout le monde :

— Devinez qui m'a écrit?

Naturellement on ne fit aucune réponse exacte.

— Eh bien, dit Fernande voyant qu'on ne devinait pas, c'est Suzanne !

— Suzanne? dit Mme Fernay, quelle Suzanne? serait-ce Suzanne de Sannois?

— Oui, ma tante, c'est cette Suzanne-là; mais elle n'est plus Mlle Suzanne de Sannois; vous oubliez qu'elle est maintenant Mme Desfranes [1] !

— C'est vrai. Elle a épousé le célèbre sculpteur Marcel Desfranes, reprit Mme Fernay.

— Et peut-on savoir ce que t'a dit Mme Suzanne Desfranes? demanda M. de Gaël.

— Oui, mon père; elle m'apprend qu'elle parcourt en ce moment les côtes bretonnes avec son mari et qu'elle viendra, un prochain jour, nous embrasser.

— C'est une aimable idée qu'elle a eue là, dit M. de Gaël.

— Ce n'est pas tout.

— Qu'y a-t-il encore?

— Quelque chose qui te fera bien plaisir.

— Parle !

— Suzanne m'annonce qu'elle viendra, non seulement avec son mari, mais encore avec son père.

— Avec de Sannois, dit M. de Gaël dans une émotion qu'il ne put dissimuler, avec mon vieil ami, avec mon brave compagnon d'armes?... Ah ! tu avais raison, Fernande, voilà une nouvelle qui me cause une grande joie !

Il y eut un silence.

Puis Fernande reprit en souriant :

1. Voy. *Les Pourquoi et les Parce que de Mademoiselle Suzanne.*

— J'espère que la lettre que tu as reçue, mon cher père, contient aussi une bonne nouvelle?

A cette question, M. de Gaël devint grave et comme attristé.

— Oui, j'ai reçu une lettre dit-il, et j'ai même à t'en parler de façon fort sérieuse.

Fernande demeura tout étonnée.

Dès les premiers mots de M. de Gaël, Mme Fernay avait pris le bras de son fils et avait quitté le salon, en emmenant M. Jean.

Fernande avait remarqué ce départ.

— Nous sommes seuls, dit-elle, un peu inquiète, qu'as-tu à me dire, mon père?

— Écoute-moi bien.

— J'écoute.

— La lettre que j'ai reçue m'a été écrite par M. Fernay, par ton oncle...

— Le père d'André! murmura Fernande.

— Oui, le père d'André; et ton exclamation me prouve que tu devines le sujet de sa lettre.

— Je devine, mais cependant...

— Cependant?

— Cependant il avait été décidé, d'abord avec toi, mon cher père, ensuite avec André lui-même, qu'il ne serait plus jamais question de ce mariage.

— Je le reconnais.

— Eh bien?

— Eh bien, nous avons tous deux, je crois, tenu parole, n'est-il pas vrai; ma chère enfant?

— Oui, mon père. .

— Et ton oncle aussi, quoiqu'il ne s'y fût point engagé, n'est pas revenu sur le sujet qui te préoccupe. Aussi sa lettre ne te concerne-t-elle pas directement. Elle me fait part seulement d'un projet qui intéresse l'avenir d'André.

— Ai-je donc besoin de le connaître, ce projet?

— Oui, répondit gravement M. de Gaël; et moi, j'ai le devoir de te l'apprendre.

— Parle, mon père, dit Fernande un peu intimidée.

— Il y aura bientôt deux mois qu'André est parmi nous. Pendant ce temps, j'ai eu maintes occasions de le juger et de l'apprécier, — comme tu as pu le faire toi-même d'ailleurs, ajouta M. de Gaël en regardant sa fille; — André est décidément un digne et honnête homme et, de plus, ce « commerçant », comme il s'appelle lui-même, possède une intelligence large et ouverte, un savoir réel, un esprit supérieur.

Il n'a qu'un défaut, je le sais bien : il n'est pas marin. Mais il paraît que ce défaut-là n'en est pas un pour tout le monde.

— Que veux-tu dire? demanda Fernande très attentive.

— Je veux dire que son père, voyant enfin que l'union qu'il rêvait depuis si longtemps est irréalisable, a cherché un autre parti et...

— Et?

— Et qu'il l'a trouvé.

— Ah! murmura Fernande, soudain, très émue.

— Dans cette lettre, continua M. de Gaël, il me charge de

proposer à André la main d'une jeune Parisienne qui réunit toutes les conditions désirables.

— Mais pourquoi me dis-tu tout cela, mon père? dit Fernande se levant, agitée, les joues un peu rouges, le regard inquiet.

— Parce que c'est mon devoir, ma chère enfant, reprit affectueusement, paternellement, M. de Gaël en faisant rasseoir Fernande.

— Pourtant, dit Mlle de Gaël avec une nuance de léger dépit et de gêne impatiente qui perçaient malgré sa volonté, c'est André que la lettre concerne! c'est à lui qu'il faut faire connaître le projet de son père!

— Cela est déjà fait! répondit posément M. de Gaël en remarquant l'agitation de Fernande.

— Que dis-tu? reprit vivement Mlle de Gaël. Tu as fait part à André de la proposition de son père?

— Oui.

— Et qu'a-t-il répondu? demanda Fernande dans une sorte d'anxiété fiévreuse.

— André, quand je lui eus donné connaissance de cette lettre, a remué tristement la tête et, avec un accent ferme et convaincu, m'a dit ces seuls mots : « Mon père sait bien que je ne me marierai jamais! »

A ces paroles, le visage de Fernande s'éclaircit, ses traits se détendirent, un rayon de joie passa dans ses yeux, et, involontairement, instinctivement, elle s'écria :

— Quel bonheur !...

M. de Gaël avait observé avec la plus profonde attention les diverses phases que traversait l'esprit de sa fille. Il l'avait vue troublée, inquiète, dépitée et maintenant il la voyait transfigurée, joyeuse.

Alors, il se rapprocha d'elle, lui prit les mains, et, la regardant dans les yeux, lui dit doucement :

— Tu l'aimes donc?...

D'abord, Fernande garda le silence; elle réfléchit à ce qui venait de se produire; elle revit toute la scène; elle essaya d'analyser le sentiment qu'elle éprouvait; puis, brusquement, prise par une émotion nerveuse, elle se mit à verser des larmes abondantes en répondant, par ces mots, à la douce question paternelle :

— Je ne sais plus !... je ne sais plus !...

CHAPITRE XXV

CANCALE

Septembre arrivait avec ses premiers frissons et son soleil un peu pâli.

La campagne était cependant encore verte et le ciel était gai.

Les feuilles, que la brise d'octobre emporterait, semblaient se cramponner aux branches, ayant envie de vivre quelques jours de plus.

La mer était calme, reposée, réflétant les couleurs du ciel.

Aux Chênes, la vie était douce et paisible. M. de Gaël paraissait heureux. Il avait raconté à sa sœur la conversation qu'il avait eue avec Fernande; à André, il avait dit ce seul mot : « Espère ! » et il avait pris grand soin de ne pas rappeler à sa fille le grave entretien des jours passés. Il avait confiance. Le « je ne sais plus ! » de Fernande suffisait à son espoir.

Mlle de Gaël était préoccupée; elle avait de sérieuses pensées. Elle s'interrogeait soi-même et ne trouvait dans son esprit nulle réponse qui la satisfît.

Il y avait en elle quelque chose d'indécis, d'interminé et de triste.

Ce fut pour chasser les préoccupations qu'il devinait hanter le cerveau de Fernande que M. de Gaël lui dit un soir après dîner :

— Il me semble, ma chère enfant, que tu négliges beaucoup ta protégée depuis quelque temps.

Fernande leva les yeux, ne comprenant pas.

— Je veux parler de madame Hamelin, ajouta M. de Gaël.

— C'est vrai, mon père, je l'ai oubliée, la pauvre femme ! dit Fernande réellement fâchée de son oubli.

— C'est une petite faute à réparer; si tu le veux, nous irons demain à Cancale.

— Nous irons tous ? demanda M. Jean se souvenant qu'on lui avait promis cette petite excursion.

— Assurément.

— La pêche des huîtres est ouverte et tu verras Cancale sous un aspect original et intéressant.

Le lendemain de bon matin on partit pour Cancale.

On traversa le haut de la petite ville, bâtie sur un rocher, on descendit vers l'endroit exclusivement habité par les pêcheurs,

qu'on appelle encore aujourd'hui le village de Cancale, où les portes des maisons toutes grandes ouvertes laissaient voir les pièces réservées aux ménagères, et on arriva sur le port que les pêcheurs distinguent de la ville par le nom de la Houle.

La mer était basse.

Une flottille de petites barques reposait à sec sur la grève.

Les unes, suivant le caprice du flot descendant, étaient couchées sur la gauche, les autres sur la droite.

Et, de loin, tous ces petits bateaux, semés çà et là sur le sable du port, faisaient à M. Jean l'effet de coquilles de noix ayant pour mâts des allumettes.

Tout à coup, sur la gauche du phare du Hoc, l'attention de M. Jean fut attirée par un aspect singulier de la grève. Il y avait là de nombreux carrés de terrain, parfaitement délimités par des pieux et des pierres.

— Qu'est-ce que cela? dit-il.

— Ce sont les parcs aux huîtres.

— Les huîtres ont des parcs! Pourquoi faire?

— Parc ne signifie pas seulement jardin, comme tu parais le supposer; le mot lui-même représente une étendue de terrain entièrement close. Et c'est bien ce que tu vois là?

— D'ailleurs rien ne nous empêche d'aller les examiner de près, dit M. de Gaël.

On descendit sur la grève et l'on parcourut une espèce de large rue ménagée entre les parcs, que gardait un surveillant, et où passaient des femmes, pieds nus, le gros manteau plissé sur le dos, des paniers aux mains et qui profitaient de la marée basse, du besson, comme elles disaient, pour aller chercher des huîtres dans leurs parcs les plus éloignés de la côte.

M. Jean put s'assurer alors que chaque carré de terrain était rempli par des huîtres, amoncelées les unes sur les autres et reposant toutes sur un fond de sable et de vase.

Les unes s'ouvraient, bâillant pour emmagasiner quelques chauds rayons du soleil ou simplement pour prendre l'air; d'autres se refermaient brusquement, chassant l'eau qu'elles contenaient et qui s'échappait en un jet mince et rapide.

D'autres encore restaient à demi ouvertes, et quoique Fernande les touchât du bout de son ombrelle, elles ne se fermaient pas; celles-là n'avaient pu s'accoutumer à l'esclavage. C'étaient des huîtres qui avaient rendu le dernier soupir.

— Qu'est-ce qu'elles font là, toutes ces huîtres? demanda M. Jean.

— Elles attendent d'être vendues, dit Fernande.

— Et d'être mangées? ajouta M. Jean.

— Oui, reprit André, mais encore faut-il qu'elles soient mangeables.

L'huître qu'on vient de pêcher est mauvaise au goût; elle a besoin d'être engraissée, et c'est dans ce domicile où tu la vois, au milieu de ce sable et de cette vase, qu'elle s'engraisse. Là, aussi,

elle s'accoutume à se priver de l'eau de mer puisqu'elle n'en reçoit qu'au moment où la marée haute lui en apporte et, quand cette habitude est prise, on peut l'expédier par toute la France sans craindre la durée du trajet.

— Mais d'où viennent-elles, ces huîtres qui sont là?

— Elles viennent de bancs nombreux, c'est-à-dire d'amas d'huîtres considérables qui se trouvent en mer à quelques kilomètres d'ici.

— Alors on va les pêcher.

— Oui.

— Tous les jours?

— Non, on recommence à les pêcher maintenant; mais la

pêche est restée interdite pendant trois mois d'été parce que c'est l'époque de la ponte.

— L'huître pond des œufs? s'écria M. Jean, très étonné.

— Mais oui, et par milliers.

— Et comment fait-on pour les pêcher les huîtres?

— On se sert de dragues, espèces de râteaux en fer très pesants, qu'à l'aide de bateaux et de cordes qui les manœuvrent on traîne sur le fond de la mer. La drague arrache tout ce qui lui fait obstacle et verse sa récolte dans une poche en filet ou en cuir disposée à cet usage.

On s'était un peu éloigné tout en causant, et maintenant on longeait les parcs qui s'étendaient sur une très grande superficie au bas du rivage.

Soudain, une voix de femme s'éleva qui chantait.

CHAPITRE XXVI

LE VILLAGE D'ENFANTS

On ne voyait pas la chanteuse.

Elle devait se trouver en ce moment derrière un des replis de la falaise qui la cachait.

Les promeneurs s'avancèrent de quelques pas, mais ils ne purent apercevoir la mystérieuse personne.

La voix continuait toujours à se faire entendre.

C'était une vieille chanson bretonne

qu'on chantait, naïve et triste, et dont l'accent de la chanteuse accentuait encore la tristesse.

Tout à coup Fernande s'arrêta.

Elle mit son doigt sur ses lèvres, priant ainsi chacun de garder un moment le silence.

Puis, après avoir écouté un instant, elle dit :

— C'est elle !

— Qui, elle ? dit M. Jean.

— Madame Hamelin, reprit à voix basse Mlle de Gaël.

C'était, en effet, celle qu'on appelait madame Hamelin qui, assise sur un rocher, les yeux toujours fixés sur l'Océan, chantait cette chanson :

> Quand je menais mes chevaux boire,
> Ilaire ilaire itou ilaire, ma Nanette !
> Quand je menais mes chevaux boire
> J'entendis le coucou chanter.
>
> Il me disait dans son langage,
> Ilaire ilaire itou ilaire, ma Nanette !
> Il me disait dans son langage
> Ta fiancée vont l'enterrer.
>
> Mais quand je fus dedans les landes,
> Ilaire ilaire itou ilaire, ma Nanette !
> Mais quand je fus dedans les landes
> J'entendis les cloches sonner.
>
> Mais quand je fus dedans l'église,
> Ilaire ilaire itou ilaire, ma Nanette !
> Mais quand je fus dedans l'église
> J'entendis les prêtres chanter.

> Quand je fus dans le cimetière,
> Ilaire ilaire itou ilaire, ma Nanette!
> Quand je fus dans le cimetière
> Nos filles étaient à prier.
>
> Je frappis du doigt dans la châse,
> Ilaire ilaire itou ilaire, ma Nanette!
> Je frappis du doigt dans la châse :
> « Si tu ne dors viens quant a mé! »
>
> « Non, je ne dors ni ne sommeille, »
> Ilaire ilaire itou ilaire, ma Nanette!
> « Non, je ne dors ni ne sommeille...
> « Je vous attends, mon bien-aimé ! »

La chanteuse s'était tue. Cette chanson, dans laquelle madame Hamelin semblait évoquer sa propre histoire, avait impressionné assez vivement les auditeurs qui reprirent, silencieux, le chemin de la Houle.

Au bout d'un instant M. Jean fit cette réflexion, comme s'il se parlait à soi-même :

— Mais elle se trouve donc toujours sur nos pas, madame Hamelin ?

— Que dis-tu ? demanda M. de Gaël, assez étonné.

— Je dis ou plutôt je devrais dire : derrière nos pas.

— Explique-toi.

— Oh ! je l'ai bien remarquée, va ! reprit M. Jean. Puisque chaque fois que nous sommes allés nous promener dans les environs des Chênes, Fernande, André et moi, je l'ai vue qui nous suivait de loin ; mais dès qu'elle se sentait aperçue, elle disparaissait.

— C'est singulier ! murmura M. de Gaël, n'est-ce pas, Fernande?

— En effet, répondit Mlle de Gaël avec quelque embarras.

Fernande avait remarqué, elle aussi, mais elle n'en avait rien dit, cette étrange persistance que mettait la pauvre madame Hamelin à la suivre.

Et elle avait observé que ce fait n'avait lieu que depuis peu de temps. C'était depuis l'arrivée d'André, depuis leur rencontre à la pointe de la Varde; elle se rappelait encore avec quelle obstination madame Hamelin les avait, ce jour-là, suivis du regard pour la première fois quand elle s'appuyait sur le bras d'André, et elle se souvenait aussi de l'explication embarrassante qu'avait donnée M. Jean sans penser à mal.

Assurément cette explication était juste. M. Jean avait deviné. Madame Hamelin prenait Fernande et André pour des fiancés, et, cela, dans sa pauvre mémoire, évoquait un doux souvenir.

Et, puis Fernande avait toujours été si bonne pour elle, elle l'avait entourée de soins si parfaits, ses regards lui témoignaient sans cesse une si affectueuse compassion que la triste fiancée d'Antoine Hamelin retrouvait, dans son reste d'esprit, un instinctif sentiment de gratitude.

Elle croyait que Fernande était la fiancée d'André, donc elle la croyait heureuse, et elle était contente de son bonheur et, sans qu'elle pût s'en rendre compte, elle éprouvait comme un plaisir de voir ensemble la jeune fille et le jeune homme.

Voilà pourquoi, comme l'avait dit M. Jean, madame Hamelin suivait souvent André et Fernande.

Il n'y avait plus à compter trouver chez elle, ce jour-là, madame Hamelin. On fit prévenir la vieille tante, qui la gardait, qu'on reviendrait le lendemain.

D'ailleurs, le soir tous les bateaux allaient partir pour la pêche et M. de Gaël tenait à montrer Cancale à son petit-neveu sous un autre aspect.

Le lendemain donc, en entrant dans Cancale, M. de Gaël dit à M. Jean :

— Tu vas voir aujourd'hui un véritable village d'enfants.

M. Jean regarda son oncle, ne comprenant pas.

— Oui, un village d'enfants, reprit M. de Gaël, tous les hommes valides sont à la pêche, il ne reste autour du vieux port, dans le village de Cancale, qu'une gentille petite population haute comme ma botte.

En effet, du port on remonta par une ruelle étroite jusqu'à la grand'rue du village, dont les dernières maisons s'adossent au granit des anciennes falaises.

Les maisonnettes des pêcheurs, toutes très vieilles avec des portes de bois où l'on voyait gravées, comme à Saint-Malo, les dates de leur fondation, 1572, 1580, et bâties de granit, donnaient au soleil des tons bleus, rouges, verts et jaunâtres, égayés par l'éclat du ciment blanc qui joignait les pierres en multiples petits rectangles.

Quelques larges filets, qui séchaient à l'air, pendaient du haut des toits, mettant les façades sous une sorte de cage.

Tout le long de la grand'rue, bien abritée de la brise de mer, on ne rencontrait que des enfants.

La veille au soir, les fils et même les fillettes avaient aidé leurs pères à s'embarquer. Chacun avait mis la main à la besogne, portant jusqu'au port les avirons, les filets, les voiles, les poulies, les paniers.

Maintenant ils étaient seuls à travers les rues pendant que les mères s'occupaient à l'intérieur des maisons. Et tous, ils essayaient de travailler selon leurs forces en attendant le retour de leurs pères. Une fillette balayait avec un balai plus grand qu'elle; une autre portait un seau qui semblait énorme à sa taille; une autre encore soutenait sur sa tête une large corbeille chargée de provisions.

Puis, dans un coin, un vieux, qui ne pouvait plus servir à la pêche, s'employait à apprendre à lire à un groupe de bambins.

La veille, les hommes attendaient le moment du départ. A présent, les femmes attendaient le moment du retour.

Et, dans tout ce monde, il y avait une activité et une animation qui étonnaient les visiteurs.

On parvint enfin à la demeure de madame Hamelin. Elle était là, assise, silencieuse, immobile.

Ses regards étaient indifférents et sombres; cependant ils s'éclairèrent en rencontrant le joli visage de Fernande.

Puis quand madame Hamelin aperçut André qui entrait le dernier, elle se leva et étendit le doigt en le montrant avec une sorte de doux sourire.

— Que veut-elle? dit Fernande à la vieille tante de madame Hamelin.

LE VILLAGE D'ENFANTS.

— Je crois qu'elle veut savoir le nom de monsieur, répondit la vieille.

Alors Fernande s'approcha doucement de la pauvre femme et lui dit doucement :

— Il s'appelle André. Vous entendez : André.

Madame Hamelin porta ses deux mains à son front, comme si elle voulait faire entrer ce nom dans son cerveau.

Puis, après quelques instants, elle releva la tête et elle regarda longuement d'abord André, ensuite Fernande.

On eût dit qu'elle pensait et qu'elle comprenait.

Quant à M. Jean, — il ne savait pour quelle raison, — mais madame Hamelin l'intéressait et l'attirait, et il avait observé cette scène avec une singulière attention.

CHAPITRE XXVII

SUZANNE DESFRANES

Un télégramme reçu le matin annonça à Mlle de Gaël la prochaine arrivée de Suzanne Desfranes.

Mme Desfranes, son père et son mari devaient arriver le soir même aux Chênes.

Ce fut une joie générale au château.

Fernande était heureuse de pouvoir embrasser sa meilleure amie.

M. de Gaël souriait à l'idée de retrouver son vieux camarade, le capitaine de vaisseau de Sannois.

Mme Fernay était contente de revoir cette gentille Suzanne qu'elle n'avait pas vue depuis longtemps; et M. Jean considérait comme une aimable distraction l'arrivée des hôtes nouveaux.

André ne savait s'il devait se réjouir de cet événement.

Il se rappelait les paroles d'espoir que lui avait données M. de Gaël à la suite de sa conversation avec Fernande et il se demandait avec inquiétude si l'arrivée de Suzanne n'allait pas faire dans l'esprit de Mlle de Gaël une diversion défavorable à son égard.

Il songeait à ces choses, un peu triste et silencieux, tout en se promenant devant le perron du château.

Fernande vint à passer près de lui.

— Comme vous avez l'air sombre, cousin! dit-elle gaiement.

— Et vous, comme vous avez l'air heureux!

— C'est que je suis heureuse, en effet, heureuse de revoir Suzanne, ma meilleure amie, que je regarde comme une sœur et que j'aime, voyez-vous, du plus profond de mon âme.

En effet, Fernande avait pour Suzanne Desfranes, qu'elle connaissait depuis son enfance, alors qu'elle était Suzanne de Sannois, une vive et sincère affection.

Elles étaient toutes deux du même âge. Toutes deux, elles étaient filles de marins; toutes deux, elles avaient eu les mêmes idées et les mêmes rêves d'avenir.

Cependant une importante décision de Suzanne avait inquiété Fernande, et cette décision la préoccupait plus encore à l'heure présente.

Aussi dès que les voyageurs furent arrivés aux Chênes et dès que Fernande put se trouver seule avec Suzanne, elle lui dit :

— J'ai une très importante question à te faire. Et il faut que tu m'y répondes avec toute ta franchise.

— Parle! avait répondu Suzanne.

— Te souviens-tu de nos rêves d'autrefois, quand nous étions petites filles et de nos ambitions futures quand nous devînmes grandes? Te souviens-tu surtout de la résolution que nous avions d'un commun accord si fermement arrêtée?

— Quelle résolution? dit tranquillement Suzanne.

— Ah! tu ne t'en souviens plus!

— Je l'avoue.

— Voyons, ma chère Suzanne, ne te rappelles-tu pas ce que nous avions juré toutes les deux : que nous n'épouserions jamais qu'un marin?

— Oui, oui, je me le rappelle! dit Suzanne avec un sourire.

— Tu te rappelles notre serment et tu en souris! dit Fernande avec un ton de doux reproche.

— Dame!

— Eh bien, dis-moi, pourquoi l'as-tu oublié ce serment?

— Pourquoi? Parce que, ma chérie, c'est l'esprit qui propose et le cœur qui dispose, et parce que, tout simplement, j'aimais M. Desfranes.

— Mais, à mon tour de t'interroger : Pourquoi évoques-tu ces souvenirs? Pourquoi me rappelles-tu ce serment?

Fernande baissa les yeux.

Suzanne réfléchit un instant et trouva sans doute ce qu'elle cherchait à deviner, car, approchant ses lèvres de l'oreille de Fernande, elle dit avec gaieté :

— Est-ce que, toi aussi, tu songerais à l'oublier, ce fameux serment?...

Mlle de Gaël n'osa rien répondre, et Suzanne ne jugea pas utile de renouveler sa demande, car son esprit clairvoyant avait déjà scruté les sentiments intimes de son amie.

Il était certain maintenant que Fernande aimait André; mais elle n'osait encore se l'avouer. Il lui semblait impossible de revenir, malgré l'exemple de Suzanne, sur ses résolutions si fermes et si constantes, et elle avait comme une confusion de sa faiblesse.

Un événement terrible vint précipiter les choses.

Une après-midi, Suzanne et son mari étaient montés tous deux dans un des bateaux de M. de Gaël.

Ils allaient faire une courte promenade et ils s'amusaient à l'idée d'être seuls. Marcel Desfranes tirait habilement l'aviron et, d'ailleurs, la mer était, ce jour-là, aussi calme que la Seine. Nul danger ne pouvait être prévu.

Ils s'éloignèrent, saluant gaiement Mme Fernay, Fernande, M. de Gaël, M. de Sannois, André et M. Jean, qui les regardaient à l'aide de la lorgnette marine; et ils furent bientôt cachés par les falaises de la Varde.

M. de Gaël et sa famille revinrent sur leurs pas, ayant une visite à rendre dans un château voisin.

En se retournant une dernière fois du côté de la mer, M. Jean, qui donnait la main à Fernande, eut un frémissement.

— Qu'as-tu donc? dit Mlle de Gaël en sentant le mouvement de M. Jean.

— Rien! Je n'ai rien! répondit M. Jean.

M. Jean avait eu pourtant un pressentiment funeste. Il venait de découvrir madame Hamelin assise, près de la pointe de la Varde, à la place habituelle où elle venait d'instinct quand le temps menaçait!

Mais il songea que les promeneurs ne s'éloigneraient pas de la côte, que leur excursion devait être de courte durée et qu'il était inutile de porter quelque inquiétude dans l'esprit de ses parents.

On alla faire la visite convenue.

Quand on revint aux Chênes, on apprit avec étonnement d'abord, avec crainte ensuite, que M. et Mme Desfranes n'étaient pas rentrés.

Ce qui augmentait la crainte, c'est que le ciel s'était subitement couvert et que le vent s'était soulevé, soufflant violemment de terre.

M. de Gaël espéra que Suzanne et son mari, par suite de malentendu, étaient allés au château d'où l'on venait et il s'y rendit aussitôt, pendant que M. de Sannois, Fernande et André, suivis, sans y prendre garde, de M. Jean, couraient vers la grève.

CHAPITRE XXVIII

LE NAUFRAGE

La mer était maintenant furieuse.

Un vent rapide l'agitait et l'enflait en vagues énormes qui venaient se briser sur la grève.

Fernande sentit le bras de M. de Sannois trembler.

Pour que le brave capitaine

de vaisseau donnât cette marque d'inquiétude il fallait que le danger fût grand.

Fernande comprit et elle regarda André avec des yeux suppliants et pleins de larmes. Elle semblait lui demander s'il n'était pas possible d'aller au secours de sa malheureuse Suzanne.

Par quel moyen, elle l'ignorait. Et ce moyen même existait-il?

Qui donc eût voulu risquer sa vie sur cette mer terrible?

A ce moment, un bateau de pêche parvint à rentrer dans le petit havre de Roteneuf.

Les matelots avaient vu une barque en détresse vers les rochers des Grands-Pointus, à quelque cent mètres de la côte. Évidemment, c'était la barque qui portait Suzanne et son mari.

André, qui les interrogeait, les supplia d'aller à la recherche. C'était impossible, leur bateau avait des avaries. Puis, avec un temps pareil, que pouvait-on espérer?

Si, on pouvait espérer; si, on pouvait au moins tenter quelque chose, André le savait bien. Il décida ce qu'il devait faire.

Il revint auprès de M. de Sannois et les persuada de rentrer au château. Peut-être maintenant avait-on des nouvelles? Lui, pendant ce temps-là, il monterait au sémaphore connaître les signaux.

L'espoir bien faible qu'avait fait luire André fit qu'on suivit son conseil.

Une fois seul, André, au lieu de monter au sémaphore, jugeant suffisant le renseignement des pêcheurs, courut à l'endroit où se trouvait les bateaux de promenade de M. de Gaël.

Il en détacha un, et, bravement, héroïquement, se rappelant

le regard que lui avait jeté Fernande, il s'abandonna aux flots courroucés.

Le bruit des vagues écumantes l'empêcha d'entendre un grand cri qui s'éleva à cet instant même du rivage.

Ce cri, c'était M. Jean qui l'avait lancé.

M. Jean avait été oublié au milieu de ces funestes événements; mais il avait suivi son frère, il était là et il avait vu.

Il chercha son frère du regard le plus longtemps qu'il put, mais bientôt il le perdit de vue.

Dans une émotion intense, pâle, les yeux pleins d'angoisse, il courut de toute sa vitesse jusqu'aux Chênes.

Il entra dans le salon et alla tomber dans les bras de sa mère.

— Mon pauvre enfant! dit Mme Fernay, console-toi! Rassure-toi!

— Oh! maman! oh! petite mère! si tu savais...

— Quoi?

— André!

— Eh bien?

— André a pris un bateau et il est parti tout seul à la recherche de Suzanne!...

— André, s'écria Mlle de Gaël se dressant soudain, émue, l'œil brillant, transfigurée, oubliant presque son chagrin, André a fait cela!... Ah! C'est bien! c'est bien! c'est bien!

Et elle prononça ces derniers mots avec un accent plein de tendresse et d'admiration.

A ce moment un courrier arrivait haletant de Saint-Malo.

Suzanne et son mari, surpris par le gros temps, avaient été recueillis par un yacht en promenade; ils étaient sains et saufs.

— Ah! c'est André maintenant qu'il faut sauver! s'écria Fernande.

Et, avec son père, M. de Sannois et M. Jean, elle sortit du château, se rendant au sémaphore.

Les employés de ce télégraphe maritime avaient vu passer une barque montée par un homme seul; elle était entraînée, poussée par un vent très violent dans la direction des rochers de la Conchée.

Les rochers de la Conchée! que de périls ce nom seul indiquait!

Et la barque devait s'y être échouée, brisée sans doute, mais André avait peut-être pu se réfugier sur un des nombreux récifs qui composent la Conchée? Peut-être était-il là-bas, attendant du secours?

Ce secours, il fallait le lui porter à tout prix.

Un vieux marin, un brave loup de mer était là. Fernande l'avait souvent obligé dans ses moments de misère et il aimait Fernande.

M#lle# de Gaël s'adressa à lui, le suppliant de partir.

— Mais aller aux Conchées avec cette mer-là, voyez-vous mademoiselle, il n'y a pas moyen! disait le vieux marin. Autre part, oui, je ferai ça pour vous, malgré le temps, mais pas aux Conchées. Ces récifs-là, il n'y a pas de matelots qui puissent s'y hasarder!

M. Jean avait entendu la réponse du marin, et une idée subite, une inspiration lui était venue. Il disparut.

Quand il revint, il amenait avec lui madame Hamelin.

Madame Hamelin était encore à la place où M. Jean l'avait aperçue ; elle avait pressenti la tempête.

Quand M. Jean vint la prendre par la main, étonnée, elle se laissa conduire.

— Madame Hamelin les connaît les récifs de la Conchée, dit M. Jean rapidement, et si elle voulait...

— Ah! dit le vieux marin, si madame Hamelin veut monter dans mon bateau, eh bien, tenez, mademoiselle, j'aurai confiance et je partirai !

Maintenant il fallait décider la pauvre folle, il fallait lui faire comprendre l'immense service qu'on attendait d'elle, mais comment ? C'est en vain qu'on lui parlait, elle semblait ne pas entendre.

Enfin Fernande, désespérée, essaya d'éveiller un souvenir dans cette mémoire éteinte.

— Voyons, madame Hamelin, dit-elle, implorant du regard et de la voix, vous me connaissez bien, n'est-ce pas? Je suis Fernande, Mlle Fernande.

Il y eut une lueur dans les yeux de madame Hamelin.

— Bien! Vous me reconnaissez! Eh bien, celui que je vous prie, que je vous supplie de sauver, c'est le jeune homme que vous avez vu souvent avec moi, M. André, vous savez bien, André?...

A ce nom, un sourire, ce sourire doux et attristé que Fernande avait vu l'autre jour, à Cancale, passa sur les lèvres de la fiancée d'Antoine Hamelin.

Fernande eut un espoir. Elle continua :

— Eh bien, André, c'est mon parent... c'est mon ami... c'est mon frère...

Mais, à mesure que Fernande prononçait ces paroles, le visage de madame Hamelin s'assombrissait, redevait morne, inexpressif; on eût dit qu'elle éprouvait une étrange déception.

Tout à coup, Fernande comprit.

Un seul mot allait avoir le pouvoir de sauver André.

Elle prit les mains de madame Hamelin, et, la regardant dans les yeux, elle lui dit :

— André... c'est mon fiancé!

Alors, le sourire reparut, plus accentué, plus heureux, sur la figure de madame Hamelin; elle avait entendu, elle avait saisi le sens des paroles; elle était prête à suivre le vieux marin, elle allait essayer de sauver le fiancé de Mlle de Gaël.

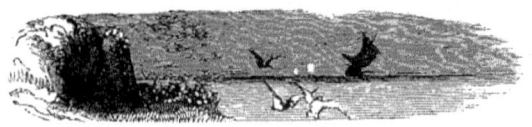

CHAPITRE XXIX

FERNANDE ET SUZANNE

La nuit était venue. Le péril pouvait redoubler.

Cependant le vent semblait s'apaiser et, au travers des nuages épais qui couraient avec moins de vitesse, les rayons de la lune essayaient de passer.

La barque qui portait madame Hamelin et le matelot avait disparu.

Retrouverait-elle André? Arriverait-elle à temps pour lui donner du secours? André était-il perdu à jamais?

On rentra aux Chênes.

Le sémaphore avertirait si quelque nouvelle lui parvenait.

Dans le salon du château, toute la famille était réunie, gardant un silence plein d'angoisse.

Toutes les pensées étaient vers l'absent, vers celui qui s'était dévoué si noblement, si bravement.

Soudain, on entendit le bruit d'une voiture qui franchissait les grilles du château.

Cette voiture amenait de Saint-Malo M. et Mme Desfranes.

— Ah! nous l'avons échappé belle! s'écria, en entrant dans le salon, Suzanne qui ne savait pas les derniers événements; un vent très violent, soufflant d'est, nous a surpris tout à coup à quelque distance de la pointe de la Varde et, si un bateau de plaisance ne nous avait pas recueillis, notre barque serait allée infailliblement, nous a-t-on dit, se briser contre les récifs de la Conchée.

A ces mots, Fernande, qui s'était levée pour embrasser son amie, retomba sur sa chaise, pâle et glacée.

— Qu'as-tu donc, ma chérie? s'écria Suzanne, effrayée. Pourquoi es-tu si émue, puisque nous voilà près de toi?

— Fernande, et nous tous, nous avons eu peur pour votre sort, dit M. de Gaël; mais, nous avons appris que vous étiez sauvés. A présent, il ne s'agit plus de vous, mes chers enfants — ajouta M. de Gaël en s'adressant à Suzanne et à son mari — il s'agit...

— De qui donc? fit Suzanne en remarquant alors la profonde tristesse empreinte sur les visages des assistants et apercevant que Mme Fernay essuyait de silencieuses larmes qui tombaient de ses yeux.

— Il s'agit d'André.

— D'André?

— Oui, André, pris d'une résolution généreuse, entraîné par un mouvement de bravoure presque sublime, s'est dévoué et s'est jeté héroïquement à votre recherche.

— André est en mer!

— Oui.

— Et c'est nous qui sommes la cause des dangers qu'il court en ce moment? Ah! c'est terrible! s'écria Suzanne en venant embrasser, très émue, la pauvre Fernande qui pleurait.

— Ce n'est pas vous seuls, ce n'est pas toi seulement... murmura Fernande.

— Que veux-tu dire? demanda Suzanne étonnée.

Fernande n'eut pas la force de répondre.

Alors M. Jean s'approcha de Suzanne, la prit par la main et l'entraîna doucement en dehors du salon.

Dans le parc, les arbres avaient cessé leurs gémissements lugubres; le vent était calmé et l'on voyait, dans un ciel lavé, la lune qui éclairait au loin une mer apaisée.

— Tu as quelque chose à me dire? demanda Suzanne à M. Jean.

— Oui, as-tu compris la réponse que Fernande vient de te faire?

— Non.

— Je le savais bien.

— Alors, explique-moi...

— Eh bien, Fernande t'a dit que tu n'étais pas, toi seule, la cause du danger qui menaçait mon frère?

— En effet.

— Et tu veux savoir quelle est l'autre cause?

— Parle!

— Eh bien, c'est elle.

— Elle?

— Oui, elle, Fernande!

— Je ne comprends plus.

— Je vais t'expliquer... Je ne dis pas qu'André ne serait pas allé à ton secours quand même, mais, enfin, ce qui l'a tout à fait décidé, c'est le chagrin de Fernande. Quand il l'a vue si malheureuse de te savoir en mer par cette tempête, il n'a plus hésité et il est parti.

Donc, il a fait ça, c'est bien un peu pour toi, ajouta M. Jean, mais, vois-tu, c'est beaucoup pour elle !

Voilà ce que Fernande voulait te dire tout à l'heure.

— Ah ! je comprends ! murmura Suzanne.

En effet, elle comprenait.

André avait fait le sacrifice de sa vie à Fernande qu'il aimait.

Pendant cette conversation, on était arrivé à la porte du parc.

— Allons jusqu'au Sémaphore ! dit M. Jean. Si nous pouvions en rapporter une bonne nouvelle !..

— Allons ! dit Suzanne, et espérons !

On marcha vite et on gravit rapidement le rocher.

En arrivant devant le sémaphore M. Jean aperçut un des employés..

— Eh bien ? dit-il avec anxiété.

— Eh bien, répondit l'employé, il y a de l'espoir.

— De l'espoir ?

— Oui, on vient d'apercevoir une barque dans la direction de l'ouest, justement la direction de la Conchée. Bientôt on pourra la voir à l'œil nu.

M. Jean et Suzanne attendirent avec autant d'inquiétude que d'espérance.

Enfin, un point noir parut sur les flots; il grossit, devint distinct. Ce point noir était une barque et dans cette barque il y avait trois personnes.

Bientôt du haut de la falaise, on put les reconnaître.

Ces trois personnes étaient André, madame Hamelin et le matelot.

M. Jean n'attendit pas plus longtemps. Il en savait assez.

Il courut, entraînant Suzanne, vers le château.

CHAPITRE XXX

LA VOCATION DE M. JEAN

Tout à coup, Mme Fernay, M. de Gaël, M. de Sannois et Fernande, restés dans le salon, entendirent des pas précipités qui faisaient crier le sable de l'allée.

Ils écoutèrent, s'interrogeant du regard.

La porte s'ouvrit toute grande, impétueusement poussée, et M. Jean et Suzanne parurent sur le seuil.

Ils étaient si essoufflés qu'ils ne pouvaient prononcer une parole. Mais leurs yeux, leurs visages parlaient.

Ils apportaient évidemment une bonne nouvelle.

Cependant les assistants se taisaient, ils n'osaient interroger malgré leur espoir, redoutant encore quelque déception.

Il y eut quelques secondes d'hésitation :

Enfin, M. Jean, qui avait couru se jeter dans les bras de sa mère, put dire : Il est là... il est sauvé !...

— Oui, dit Suzanne, il est sauvé !

Et, se penchant à l'oreille de Fernande, elle dit tout bas :

— Es-tu heureuse ?

— Oui, bien heureuse ! répéta sur le même ton Mlle de Gaël.

En effet, Fernande éprouvait un immense bonheur.

Depuis la grave conversation qu'elle avait eue avec son père, elle avait beaucoup réfléchi et elle avait beaucoup pensé à André.

Pendant les deux mois qu'elle venait de passer près de lui n'avait-elle pas été à même de l'apprécier dans toute sa valeur ?

Devait-elle encore se souvenir de ses serments d'autrefois ? Et parce qu'André n'était pas un marin, devait-elle s'obstiner à ne pas lire dans son propre cœur l'affection profonde qui y était née et qui s'accroissait chaque jour ?

Et Suzanne, Suzanne, sa meilleure amie, celle qui jadis partageait le plus ardemment ses rêves d'avenir, avait-elle épousé un marin, et en était-elle moins heureuse pour cela ?

Fernande s'était sentie bien souvent charmée de l'admiration qu'André avait pour l'Océan ; elle avait été surprise de ses connaissances nombreuses ; elle lui savait gré d'avoir si bien gardé

la promesse qu'il lui avait faite en arrivant aux Chênes, et elle avait été réellement touchée quand André avait déclaré à son père qu'il ne se marierait jamais.

Enfin, elle venait de le voir si bravement, et si simplement, risquer sa vie pour elle — pour elle, elle en était bien sûre ! — qu'elle pouvait et qu'elle devait lui rendre maintenant affection pour affection.

Lorsqu'André, au-devant de qui on s'était hâté d'aller, fut rentré au château et qu'il eut raconté comment madame Hamelin, guidant le matelot, était parvenue à le recueillir sur un des récifs de la Conchée où les lames l'avaient jeté, il dit :

— Maintenant je voudrais bien savoir comment on a pu faire comprendre à madame Hamelin qu'il fallait venir à mon secours ?

— Oh ! c'est bien simple, va ! dit M. Jean.

A ces mots de M. Jean, il s'établit un silence profond.

Qu'allait-il dire, M. Jean ? Et Fernande, que répondrait-elle ?

— Puisque c'est si simple que cela, parle donc ! dit en souriant André, qui ne pouvait se douter de l'importance qu'allait prendre la réponse de son frère.

— Eh bien, c'est Fernande qui a décidé madame Hamelin à aller à ta recherche. Et pour cela, elle n'a eu qu'un mot à lui dire.

— Quel mot ? dit André avec étonnement.

— Elle lui a dit tout uniment que... — et ici, le petit malin de M. Jean s'arrêta, sachant avec quel intérêt chacun l'écoutait.

— Mais parle donc ! dit André.

— Eh bien, elle lui a dit que tu étais... son fiancé !

— Fernande a dit cela ? dit André profondément ému.

— Et elle a dit la vérité! ajouta M. Jean avec son sourire intelligent.

Et, prenant son frère par la main, il l'amena devant Fernande :

— N'est-ce pas que c'est vrai! dit-il doucement.

Et M{ℓℓᵉ} de Gaël, aussi émue qu'André, les yeux pleins de larmes de bonheur, laissa tomber sa main dans celle de son fiancé.

. . . .

Quelques mois après cette scène, M{ℓℓᵉ} Fernande de Gaël, devenue l'heureuse femme d'André Fernay, causait dans son salon de Paris avec M. Jean.

— Quel état choisiras-tu, lui dit-elle, quand tu seras grand ?

— Mon état? Mais il est choisi depuis mon séjour aux Chênes : Je serai marin, et tu le sais bien !

M. Jean avait découvert sa vocation !

TABLE DES MATIÈRES

CHAPITRE PREMIER.

Ce qui se passait au chateau des chênes un soir de juillet... 1
    La lettre. 2
    Dans le jardin 2
    Un événement pour le château des Chênes 3
    En Bretagne. 3
    Une larme et un sourire. 3
    La passion de l'Océan. 4
    M. Jean 5
    La volonté de Mlle de Gaël. 5
    De bonnes nouvelles 5
    André Fernay 6
    Les projets d'autrefois 6
    La femme d'un marin. 9
    Un doux souvenir. 9

CHAPITRE II.

La mer 11
    Le vieux château 11

L'arrivée... 12
La conversation de M. de Gaël... 12
Un plan de défense... 13
Désolée !... 13
Je ne veux pas vous épouser... 14
La franchise de Fernande... 15
En ami !... 15
Fernande l'emportait... 16
Une petite phrase de M. Jean... 16
La grève... 17
En présence de l'Océan... 18
La première impression de M. Jean... 18
C'est ça, la mer ?... 18

CHAPITRE III.

CE QUE M. JEAN SAVAIT ET CE QU'IL NE SAVAIT PAS... 19
Une déception... 19
Beaucoup d'eau qui fait beaucoup de bruit... 19
Le premier mouvement... 20
Un navire... 20
La rondeur de la terre... 20
La Manche... 23
L'Angleterre... 23
L'île d'Ouessant... 23
Le Pas-de-Calais... 23
Devon, Sussex et Cornouailles... 23
Le tunnel de la Manche... 24
De Calais à Douvres... 24
Soixante mètres de mer sur la tête... 24
« Je ne sais pas tout ! »... 24
L'origine du monde... 25
« Remontons-y ! »... 25

CHAPITRE IV.

L'EAU ET LA TERRE... 27
« Un peu de ça »... 28
La terre... 28
Un soleil en petit... 28
Du marbre en vapeur !... 28

La boule de feu 28
Rivières de porphyre. 28
Fleuves de basalte. 28
La masse embrasée. 29
Changement de température. 29
Les différents gaz 29
Hydrogène et oxygène 29
L'eau. 29
Un colossal laboratoire 30
Une terrible étincelle électrique 30
La vapeur d'eau 31
La première pluie. 31
Le sol se refroidit. 31
Sol, solide 32
Une immense boule d'eau. 32
La croûte terrestre 32
Les matières liquides en prison. 32
La pression des vapeurs. 33
La terre sortant de l'onde. 34
Les volcans. 34
Le Vésuve 34
L'Etna. 34
Épaisseur de la croûte terrestre 34
Le diamètre du globe. 34
La peau d'une orange. 34
Le péril et la protection de l'écorce de la terre. . . 35

CHAPITRE V.

LES VOLCANS TERRESTRES ET LES VOLCANS SOUS-MARINS. 37
Les lampes 37
Le feu central 38
Soupapes de sûreté 38
La fenêtre entr'ouverte 38
Les parois internes de l'écorce. 38
Le choc des vapeurs 39
Gigantesques cheminées 39
Les éruptions 39
Sourdes rumeurs 39
La lave 40
   fond de la terre. 40

TABLE DES MATIÈRES.

Le Stromboli	40
Homère	40
L'île de Stromboli	43
Une cloison peu résistante	43
Le cratère	44
Des explosions violentes	44
Pierres incandescentes	44
Coulée de la lave	45
Les îles habitées	45
Une île qui naît et qui meurt	45
La Méditerranée	45
L'île Ferdinanda	45
Un conte plus curieux que les contes des fées	46

CHAPITRE VI.

LES COLONNES D'HERCULE ET L'ISTHME DE PANAMA	47
L'Atlantide	48
Une mappemonde	48
Le détroit de Gibraltar	48
Les anciennes colonnes d'Hercule	49
Abyla et Calpé	50
Ceuta et Gibraltar	50
Hercule	50
Les Grecs de l'antiquité	50
M. de Lesseps	50
L'isthme de Panama	51
L'Amérique du Sud et l'Amérique du Nord	51
L'océan Atlantique	51
L'océan Pacifique	51
Un tremblement de terre	51
Les Grecs sauvages	51
Une prophétie de M. Jean	52

CHAPITRE VII.

UN MONDE ENGLOUTI PAR L'OCÉAN	53
Histoire de l'Atlantide	53
Une épouvantable catastrophe	54
Les temps historiques	54
Platon et Solon	54

TABLE DES MATIÈRES. 277

Une puissance formidable	54
Neuf mille ans.	55
« Qu'est-ce qui le prouve ? »	55
Phéniciens et Carthaginois	55
Une légende	55
Iles Élyséennes, Fortunées, terre des Hespérides.	56
Les Açores, Madère et Canaries.	56
Petites Antilles et grandes Antilles.	56
La bordure de l'Atlantide	57
Christophe Colomb	58
Algues et varechs	58
La mer des Sargasses.	58
L'opinion de M. Jean.	58
Les Atlantes.	59
La méfiance de M. Jean	59

CHAPITRE VIII.

Où M. JEAN DÉCOUVRE QUE LA MER EST SALÉE. 61

La Seine n'est pas salée !	62
Du sel !	62
Pourquoi la mer est-elle salée ?	63
Comment la mer s'est formée	63
Les grandes pluies.	63
Potasse, chaux, magnésie, chlorure de sodium	63
Sel	63
Comment on a séparé le sel de l'eau de mer.	64
Les marais salants.	65
La chaleur du soleil	65
Sel de cuisine	65
Mines de sel gemme	65
Sel gemme.	66
Mines de la Pologne	66
« J'attendrai ! »	67

CHAPITRE IX.

LES FORÊTS SOUS LA MER ET LES ÉLÉPHANTS DE MONTMARTRE. . . . 69

Le sel et les fraises.	70
Le rôle de la mer.	70

Le granit. 70
Les carrières dans la campagne 71
Les couches de terrain 71
Sables, argiles, calcaires. 71
Comment se sont formés les continents 71
Poissons et coquillages marins 71
Les anciens fonds de mer 72
Les forêts décomposées 72
Une convulsion souterraine. 72
Le charbon de terre 72
Les animaux de cette époque 72
Le labyrinthodon 72
Une énorme grenouille 73
La vilaine bête ! 73
Animaux monstrueux. 73
Les montagnes du Jura 74
L'ichtyosaure 74
Le plésiosaure. 74
Le ptérodactyle 74
Ours, tigres, hyènes, éléphants, chevaux. 74
Les glaces de la Sibérie et les buttes Montmartre 74
Des éléphants à Paris. 75
Au Jardin des Plantes. 75

CHAPITRE X.

PARIS AU FOND DE LA MER. 77
La croûte terrestre molle et élastique. 78
Les terrains exhaussés. 78
Le compotier et le jeu de dominos. 78
Les immenses déluges. 81
Un terrain formé par des animaux. 82
Les coquillages. 82
Un morceau de craie vu au microscope 82
La butte Montmartre et l'Océan. 82
La mer était donc à Montmartre ? 83
Paris était donc sous la mer ? 83
Paris n'existait pas 84

CHAPITRE XI.

Le terrain crétacé et les choux et les carottes	85
La place où est actuellement Paris.	85
La Bretagne, l'Auvergne et les Vosges.	86
L'intérieur d'un triangle.	87
Trois angles solides	87
Le terrain jurassique.	87
Le département du Jura.	87
Nièvre, Haute-Marne, Meurthe-et-Moselle, l'Alsace et la Lorraine	87
Dunkerque et Rouen.	87
La France en train de se former	88
Normandie, Bourgogne, Seine.	88
Paris ne s'est pas fait en un jour	88
Un grand marais desséché	88
Lutèce.	88
Au moyen âge.	88
Le plâtre.	88
Les rues et les pavés.	89
Le grès de Fontainebleau.	89
La campagne des environs de Paris	89
Les choux et les carottes.	90
Alluvions.	90
Le rôle d'un narrateur	91

CHAPITRE XII.

Où M. Jean découvre pourquoi la Seine n'est pas salée	93
La Seine.	94
Une source	94
L'eau qui sort de terre	97
Le sommet des montagnes	97
Neiges et glaces	97
La formation d'une source	97
Saint-Germain-la-Feuille.	97
Le petit ruisseau de la Côte-d'Or	97
Un fleuve qui n'est pas salé.	98
Terre et Mer.	98
« Ce qui est sec »	98
L'immensité déserte	99

TABLE DES MATIÈRES.

CHAPITRE XIII.

Mme HAMELIN, LA FIANCÉE DU PÊCHEUR 101
    La pointe de la Varde. 101
    Mme Hamelin est là! 101
    La pauvre femme 102
    Une muette interrogation. 103
    Une chose étrange. 103
    L'histoire de Mme Hamelin 103
    Antoine Hamelin 104
    Le port de Cancale 104
    La date du mariage 104
    Le bateau la « Marie-Jeanne » 104
    L'orage 105
    Le naufrage de la « Marie-Jeanne » 105
    Un journal 106
    Ce qu'il y avait dans le journal. 106
    Les rochers de la Conchée 109
    La folle 109
    La mort du fiancé. 109
    Une étonnante prédiction. 109
    Le nom de Mme Hamelin. 110
    Une attention touchante. 111
    Les Haies de la Conchée, la Rimponière, la Ronfleresse, la petite et la grande Conchée. 111
    Une découverte de M. Jean 112

CHAPITRE XIV.

MARÉE HAUTE ET MARÉE BASSE. 113
    Une épigraphe de J. Michelet 113
    La jolie plage de Paramé. 113
    Baigneurs et baigneuses. 113
    Les petits ingénieurs 114
    Pourquoi la mer monte-t-elle? 114
    La lune 114
    L'attraction universelle 114
    L'aimant. 114
    Dimensions de la lune. 117
    Une chose liquide et une chose solide. 117
    Molécules mobiles. 117
    Monter jusqu'à la lune! 117

Le pouvoir de la lune. 117
La marée haute. 117
La marée basse. 117
Le mouvement de la terre 118
Les antipodes 118
La Nouvelle-Zélande 119
Deux influences 119
Distances de la lune et du soleil. 120
Les marées des vives eaux 120
La mer à morte eau 121

CHAPITRE XV.

COURANTS DE MER ET COURANTS D'AIR 123
Une épigraphe de M. E. Reclus 123
L'agitation de l'Océan. 123
Les courants 124
Le Gulf-Stream. 124
Le golfe du Mexique 124
De l'Amérique du Nord aux bancs de Terre-Neuve. . . . 124
Les côtes de l'Espagne et de l'Afrique. 124
Le golfe de Gascogne, l'Irlande et la Norvège. 125
Le Labrador. 125
Le contenu d'un verre d'eau. 125
Ce que c'est qu'un « courant » 125
Les régions tropicales. 126
Un excès d'eau. 126
L'eau froide plus lourde que l'eau chaude. 126
Les courants des pôles 126
Un courant d'air ! 127
L'air chaud et l'air froid 127
Les régions de l'Équateur 127
Les vents alisés. 128
Le secret de l'oncle de M. Jean. 128

CHAPITRE XVI.

LE PROJET DE M. DE GAEL. 129
Une expression de M. Jean 130
La perspective d'un voyage extraordinaire 131
Tempêtes. 132
Les cyclones. 132

Désastres causés par les cyclones 134
Les ras de marée 135
Perturbation atmosphérique. 135
Hollande et Danemark 135
Golfe de Zuyderzée et cap de la Hève. 135
Lisbonne. 135
La science d'André. 136
Les tourbillons. 136
Qui sait ? 137

CHAPITRE XVII.

SAINT-MALO 139
   Une journée à Saint-Malo. 139
   La « Venelle aux chiens ». 140
   Les Malouins. 140
   Une garnison canine 141
   Des gardiens trop zélés 142
   La tour de Quiquengrogne 142
   La reine Anne de Bretagne et l'évêque de Saint-Malo . . 142
   Une inscription énergique 143
   Le tombeau de Chateaubriand 143
   Le Grand-Bey 143
   Un corsaire. 146
   Une course à l'ennemi 146
   Duguay-Trouin. 146
   Histoire de Duguay-Trouin. 146
   Une étonnante expédition 147
   La maison de Duguay-Trouin 149

CHAPITRE XVIII.

LES NAVIRES, LA NAVIGATION ET LA BOUSSOLE. 151
   L' « Alliance » 152
   Un steamer 152
   Roues et hélice. 153
   Un vaisseau de guerre 153
   Le bassin des Tuileries 153
   Bateaux à voiles et bateaux à rames 153
   Les troncs d'arbres 153
   Le canot et les avirons 154
   Les premiers navigateurs. 155

TABLE DES MATIÈRES. 283

Les oiseaux indicateurs 156
Le soleil et les étoiles. 156
La boussole. 156
L'aiguille aimantée. 157
Un gros aimant. 158
Les galères 158
La peine des galères 158
Les galériens 158
L'idée d'un roi de Sicile 159
Comment est construit un navire 159
Quille, coque, poupe, proue, tribord, bâbord et sabords . . . 160
Le tangage et le roulis 161

CHAPITRE XIX.

EN MER 163
   Une épigraphe de M. X. Marmier 163
   Le départ 163
   Saint-Servan. 163
   Un bateau-mouche. 164
   Une perte d'équilibre 164
   Le roulis. 165
   Le tangage demandé ! 165
   Y a-t-il du danger ? 165
   En pleine mer 166
   D'où vient la couleur de la mer. 168
   La profondeur de la mer. 169
   Un navire de l'État. 169
   Les sondages 169
   Crustacés et mollusques 169
   Une pêche à la ligne extraordinaire 169
   Les requins. 170
   Une énorme pression. 171

CHAPITRE XX.

LA TRAVERSÉE 173
   Le mal de mer. 173
   Cicéron, Popilius et Marc-Antoine. 174
   Les griffes des vagues. 174
   Les abîmes 175

Le scaphandre.	176
Les innombrables habitants de la mer.	177
Baleines et infusoires.	178
Le polype	178
Un zoophyte.	178
Le corail.	178
L'éponge.	179
Un moyen d'apaiser les vagues	180
L'huile jetée sur la mer	181
Le port de Peterhead.	181
Vagues déferlantes et vagues roulantes	181
Les côtes de la Morée.	181
Les pêcheurs d'éponges et les poignées de sable	182

CHAPITRE XXI.

L'ILE DE JERSEY	183
Une épigraphe de M. X. Marmier	183
Jersey.	184
Halkett place, Queen street et King street	184
L'histoire de Jersey	185
Au VIIIe siècle	185
Une forêt à la place de la mer	185
En l'année 709.	185
Un terrain englouti dans l'Océan	185
Depuis Ouessant jusqu'au cap de la Hogue	185
Les ruines d'un village au fond de la mer.	186
Bertrand du Guesclin.	186
Plémont.	187
Les cavernes de Plémont.	187
Une lutte acharnée	187
Les lames véritablement tranchantes de l'Océan	189
La grève de Lecq, le trou du Diable, la tour du Prince, le village de Gorey	189
Le Cromlech et le château fort de Mont-Orgueil.	189
Une route mystérieuse	189

CHAPITRE XXII.

LE JARDIN DE L'OCÉAN	191
Dinard	191

TABLE DES MATIÈRES.

Le « Georges-Édouard »	192
Saint-Briac, Saint-Enogat et Saint-Lunaire	192
Une récolte dans la mer	192
Varechs et goémons	192
Fucus.	192
Vastes prairies	193
Aux Indes	193
La légende du serpent de mer	193
Zoospores	194
Les graines vivantes	194
Les bords de la Rance	194
L'anse du Solidor	194
Le Briantais	194
La Flouerie	194
Les collines de Jouvente	197
L'Ile-au-Moine	197
Saint-Suliac	197
La Ville-ès-Nonais	197
Le château de la Roche	197
L'écluse du Châtelier	197
Les rochers du Livet et de Foumoy	197
Une voie romaine	197
Dinan	197

CHAPITRE XXIII.

LE MONT SAINT-MICHEL	199
Pontorson	199
Sur la tangue	200
L'arrivée au mont Saint-Michel	200
Au haut de l'abbaye	201
La rue du village	201
A cent mètres d'élévation	202
L'îlot de Tombelaine	202
Marée montante	202
La grande voix de l'Océan	202
Les lignes blanches	202
Une bordure argentée	202
Les nappes d'eau	203
Le vieux roc de granit	203
Un étonnant spectacle	203

Les vagues vivantes	203
La table d'hôte.	203
Une meilleure opinion de M. Jean	204
Jaillissante écume.	204
La lutte	204
La victoire des vagues	204
La conversion de M. Jean.	204
L'histoire du mont Saint-Michel	205
En 709.	205
Les pirates scandinaves	205
L'incendie	205
La guerre de Cent ans.	205
Les canons pris sur les Anglais	205
La prison d'État	205
La maison de détention	205
Un monument historique de la France	205
La merveille	206
Les chevaliers de Saint-Michel	206
Les cryptes	206
Le cloître	206
L'église abbatiale	206
La sensation de la Beauté.	209
Une belle statue	209
Le tour du mont Saint-Michel	209
La tangue	209
De la poussière de coquilles.	210
Le Couesnon	210
La porte des remparts.	210
La digue.	211
La faute de la digue	211
Avranches	211
Le mont Saint-Michel rattaché au continent.	211
La beauté du mont Saint-Michel.	211
Mont sans être île.	212
Le tremblement de terre.	212
Le mont Saint-Michel environné de forêts	213
Le marais de Dol	213
Un asile et une forteresse.	213
La poésie du mont Saint-Michel.	213
Un désordre de la nature.	213

CHAPITRE XXIV.

Les deux lettres. 215
   Une conversation sérieuse 215
   Suzanne de Sannois 216
   Mme Suzanne Desfranes 216
   Marcel Desfranes 216
   Une grande joie 216
   Le père d'André 217
   Le devoir de M. de Gaël 217
   « Je ne me marierai jamais! » 221
   « Je ne sais plus ! » 222

CHAPITRE XXV.

Cancale. 223
   Une mer calme et reposée 223
   « Espère ! » 224
   Les préoccupations de Fernande 224
   La pêche des huîtres 224
   Arrivée à Cancale 224
   Une flottille. 227
   Le parc aux huîtres 227
   Fond de sable et de vase. 228
   Les huîtres. 228
   Les bancs d'huîtres 229
   L'huître pond des œufs ! 230
   Une voix de femme 230

CHAPITRE XXVI.

Le village d'enfants. 231
   La chanteuse 231
   La chanson de Mme Hamelin. 232
   La remarque de M. Jean. 235
   Une explication embarrassante. 236
   La croyance de Mme Hamelin. 226
   Une petite population. 237
   Le vieux port de Cancale. 237
   Le départ et le retour. 238
   Le nom d'André 241

CHAPITRE XXVII.

Suzanne Desfranes.	243
Un télégramme.	243
L'amie de Fernande	244
Les rêves de jadis.	245
Le serment.	245
L'esprit clairvoyant	246
Un événement terrible	249
Un pressentiment funeste	249
L'inquiétude	250

CHAPITRE XXVIII.

Le naufrage.	251
La mer furieuse	251
Le havre de Roteneuf.	252
Le sémaphore	252
Le cri de M. Jean.	253
Une émotion	253
Le courrier.	253
Un vieux marin.	254
L'inspiration de M. Jean.	257
Les récifs de la Conchée.	257
« Mon fiancé ! »	258

CHAPITRE XXIX.

Fernande et Suzanne.	259
Le péril.	259
Une bravoure sublime.	260
La cause des dangers.	263
La réponse de Fernande.	263
Le sacrifice d'André Fernay.	264
L'espoir.	264
Un point noir	265
Du haut de la falaise.	265

TABLE DES MATIÈRES.

CHAPITRE XXX.

LA VOCATION DE M. JEAN	267
M. Jean et Suzanne	267
Une bonne nouvelle	268
« Il est sauvé ! »	268
Un immense bonheur	268
Les serments d'autrefois	268
Affection pour affection	271
Ce qu'allait dire M. Jean	271
Un seul mot	271
« N'est-ce pas que c'est vrai ! »	272
Mme André Fernay	272
La dernière découverte de M. Jean	272

TABLE DES GRAVURES

Frontispice 4

CHAPITRE PREMIER.

La falaise 1
M. de Gaël et Mlle Fernande de Gaël 7
Clair de lune 9

CHAPITRE II.

Fernande de Gaël 11
M. Jean 17
Coucher de soleil 18

CHAPITRE III.

L'étang 19
La mer 21
Un pêcheur 25

TABLE DES GRAVURES.

CHAPITRE IV.

Volcan 27
Écorce terrestre 33
Chaîne de volcans 35

CHAPITRE V.

Les volcans sous-marins 38
Formation de la terre. 41
L'île Ferdinanda 43
Le cratère 44
La lave 46

CHAPITRE VI.

Colonnes d'Hercule 47
M. Jean et la mappemonde 49
Les sauvages 52

CHAPITRE VII.

En Égypte 53
La mer des Sargasses 57
Barque phénicienne 59

CHAPITRE VIII.

Sur la falaise 61
La salière 67

CHAPITRE IX.

Les éléphants 69
Le labyrinthodon 73
Morse 75

CHAPITRE X.

La butte Montmartre	77
L'île de granit	79
La craie	84

CHAPITRE XI.

Les grès de Fontainebleau	85
Lutèce	87
Les blocs de grès	89
Choux et carottes	91

CHAPITRE XII.

Paris et la Seine	93
M. Jean et sa famille au bord de la mer	95
Une source	99

CHAPITRE XIII.

La pointe de la Varde	101
Mme Hamelin	107
Le phare	112

CHAPITRE XIV.

La plage de Paramé	113
Mer et Lune	115
Théorie des marées	121

CHAPITRE XV.

Les pêcheurs au cabestan	123

TABLE DES GRAVURES.

CHAPITRE XVI.

Tremblement de terre 129
Le cyclone. 133
Un marin. 137

CHAPITRE XVII.

Plage et château fort de Saint-Malo. 139
Rue de la Houssaye. 141
Le vieux Saint-Malo. 143
Duguay-Trouin 146
La maison de Duguay-Trouin. 147
Les épis 149

CHAPITRE XVIII.

Au port 151
Les bateaux de pêche 155
Vaisseau de guerre Louis XIV. 157
Bateau en construction. 160
Le petit marin 161

CHAPITRE XIX.

Une voile à l'horizon 163
A bord du steamer 167
Bateau dans le chantier. 171

CHAPITRE XX.

Au fond de l'Océan 173
La vague aux griffes. 176
Les flots de la mer 177
La baleine. 179
Le marsouin 181
Le phoque 182

CHAPITRE XXI.

Jersey : Grève aux Lançons	183
Les falaises de Plémont	185
Les cavernes	187
Le cachalot	188
Le trou du Diable	190

CHAPITRE XXII.

La récolte du varech	191
Les bords de la Rance	195
La plage de Dinard	197

CHAPITRE XXIII.

Le mont Saint-Michel	199
Les remparts	201
Les cryptes	207
Une vue du mont Saint-Michel	213

CHAPITRE XXIV.

Pêcheuses de crevettes	215
La lettre	219
Une épave	222

CHAPITRE XXV.

Cancale, son port et ses parcs	223
Intérieur de maison	225
Une Cancalaise	228
Un pêcheur de Cancale	229
Falaise de Cancale	230

CHAPITRE XXVI.

Les enfants des pêcheurs	231
La chanson de Mme Hamelin	233
Le village d'enfants	239
Le petit pêcheur au crabe	241

TABLE DES GRAVURES.

CHAPITRE XXVII.

Les rochers 243
Fernande, André et M. Jean 245
La mer en fureur 247
Sur la grève 250

CHAPITRE XXVIII.

Le sémaphore 254
Madame Hamelin et le vieux matelot 255
La mer calmée 258

CHAPITRE XXIX.

Oiseaux de mer 259
Le naufrage 261
Les récifs de la Conchée 265

CHAPITRE XXX.

Roses et camélias 267
Le salon de Mme André Fernay 269
Un cuirassé 272

PARIS. — IMPRIMERIE A. QUANTIN, 7, RUE SAINT-BENOIT.

www.ingramcontent.com/pod-product-compliance
Lightning Source LLC
Chambersburg PA
CBHW071247160426
43196CB00009B/1202